河出文庫

温泉ごはん

旅はおいしい！

山崎まゆみ

[illegible]房新社

まえがき

「山崎《やまざき》さんのカバン持ちがしたい。山崎さんの旅についていったら、いいことありそう」

これまで多くの方に言われてきた。

至極光栄である。

そう、私の旅は実においしい。

本書は2017年4月より『味の手帖』で連載しているエッセイ「おいしい♨（温泉）ひとり旅」から52本をセレクトし、まとめたものだ。

5年分の原稿を読み返すと、最も出てきた言葉が「完食！」であった。

食いしん坊なのか、食い意地が張っているのか――。

コレステロール値が上がるのも致し方ないだろう。

完食してきたのは、主に温泉旅館の名物料理やその土地のハレの膳とソウルフードである。少しだけ先出ししてみよう。

旅館料理ならば、思い浮かべるだけで涎《よだれ》が出てくる秋田県乳頭《にゆうとう》温泉郷「鶴の湯」の山の芋鍋や静岡県湯ヶ島《ゆしま》温泉「白壁《しらかべ》」のわさび鍋、山形県白布《しらぶ》温泉「西屋」の米沢牛の味噌鍋など。

また北海道のラム肉ステーキや千葉の房総アワビの蒸し焼きといった豪勢な料理から、飛騨牛ステーキの隣に添えられた口直しのソルベ、あるいは朝食のだし巻き卵のようなシンプルな一品まで。

ソウルフードは、温泉地で暮らす人が通う共同浴場で情報を集めた。佐賀県武雄《たけお》温泉の餃子会館で真ん丸な餃子を頬張ったことは記憶に鮮明だし、別府《べっぷ》のとある民家の「地獄釜」で炊いたほろほろになった肉の感触は舌が覚えている。極寒の奥飛騨で極太のつららを眺めながら、熱々の漬け物ステーキを嚙みしめ、日本酒を流し込んだ時は、食べることで暖を取る切実さを思い知った。土地の人が日頃、食べているものを身体に入れてこそ、人の営みが垣間見える。

本書は食の話だけではない。連載5年間の出来事を綴《つづ》っている。

バリアフリー温泉、ユニバーサルツーリズムの記述が多いのは、2012年に身体が不自由だった妹を見送り、その妹を温泉に連れて行けなかった後悔がきっかけで高齢者や身体の不自由な人が温泉で寛《くつろ》げるような環境作りに力を注いできたから。花火のことをよく書いているのは、新潟県長岡《ながおか》で生まれ育った私が、長岡花火の伝説の花火師の評伝を上梓したからだ。

また温泉については、「入れば気持ちがいい。癒される」というだけでなく、おいしい温泉、まずい温泉といったお湯を味わう楽しさや、先人たちの温泉活用術などの逸話も記し、はては海外の温泉まで話を広げてみた。

そして家族のこと、とりわけ父のことも書かせてもらった。

なお文庫にまとめるにあたり、加筆修正をし、掲載順ではなく、地域ごとに北から並べ直した。そのため時系列が行ったり来たりしている箇所があるが、ご容赦頂きたい。

表紙イラストは『中華一番！』などで知られる漫画家の小川悦司《おがわえつし》さんに、躍動感溢《あふ》れる金目鯛を描いて頂いた。食べ物に生命力を吹き込む小川さんの絵が大好きだ。

私にとって旅をすること、食べることは生きることそのもの。小川さんはそこをくみ取って絵を描いてくださった。

それでは、おいしい旅にお出かけください（私のカバン持ち、したいかい？）。

謝辞

『味の手帖』編集部の山口健《やまぐちたけし》さん、日比由佳子《ひびゆかこ》さん、香西絵里《こうざいえり》さんには書籍化のご協力を頂きました。連載を彩ってくださる宗誠二郎《そうせいじろう》さんのイラストも本書に転載致しました。

「おいしい♨（温泉）ひとり旅」は現在も連載中です。豪華執筆陣が腕をふるう『味の手帖』も、どうぞお手に取ってみてください。

河出書房新社の担当編集者の野田実希子《のだみきこ》さんをはじめ、本書に関わる全ての皆様に心より御礼を申し上げます。

2023年春　山崎まゆみ

温泉ごはん　目次

関東

中部

関西・中国四国

九州・沖縄

番外編・海外

温泉ごはん

旅はおいしい！

北海道・東北

お風呂好き主のマジックで〝完全脱力〟「湯宿だいいち」

（北海道・養老牛温泉）

温泉旅館は基本的に1泊2食で、温泉に入り、食べて、寝るという実にシンプルな行為をする場所。だから、どこも似た印象を持つ人もいるかもしれない。

実際は違う。温泉旅館それぞれのクリエイティビティが光る。特に、お風呂は個性が現れる。

北海道中標津《なかしべつ》にある養老牛《ようろううし》温泉「湯宿だいいち」は、広大な敷地に12本もの源泉を保有する。使用している源泉は6本に絞っているが、その湯量の豊富さゆえ、「だいいち」にある湯船は合計30にも及ぶ。熱い源泉なので、温度調節のために川の水を加えている。

会長の長谷川松美《はせがわまつみ》さんは温泉をこよなく愛し、日本中の温泉に入っている。

「山形の肘折《ひじおり》温泉の、あのとろんとしたお湯は最高だね〜」

温泉話を始めれば、源泉から湯が溢れ出るように、その話は途切れることはない。

そうしたお風呂好きの主が作るお風呂は一味違う。渓流沿いの露天風呂はその一例。湯船から渓流に手が届きそうな距離感、目の前の崖の原生林を眺める爽快感たるや。運が良ければ、天然記念物のシマフクロウが頭上を飛んでいく。

長谷川マジックは露天風呂だけに留まらず、真骨頂は「寝湯」にある。文字通り、身体を横たえて湯に浸かる湯船を寝湯と言い、あちこちの旅館で寝湯を体験してきたが、〝帯に短し、襷《たすき》に長し〟であった。

よくある寝湯は、湯船の縁に枕になるような木や石などが設置されている。その枕に頭を置き、身体を浮かせるのが最高に気持ちがいいのだが……。

そもそも寝て湯に浸かるには浮力が必要で、身体の力を抜かなければ、浮かない。しかし、毎日を忙しく生きる我々は、そう簡単に身体から力は抜けず、浮かないままなのだ。すると浮こうとして、かえって身体に力が入って緊張するという、本末転倒が起こってしまう。

その点、お風呂好きの長谷川さんが作った寝湯は深さ30センチでこれが絶妙。身体を横たえると、足先や腰が来る位置に、ちょっとした支える台(凹凸)があり、その台に足なり、腰なりを置くと、身体が安定し、力が抜けて浮きやすくなる。

だから長谷川さん作の寝湯に身体を横たえると、すぐにリラックスして、浮くのだ。小さなことのように思えるだろうが、その違いは大きい。

さらに温泉の温度はぬる湯の37度。長く入れて緊張感を取るには適温である。しばし目をつむり、入浴する。

脱力――。

「僕が入りたいお風呂を作っているからね」と笑う長谷川さんの名作である。

寝湯で寛いだ後は夕食。ほどよく空腹になり膳を前にすると、根室産の無添加うに、オホーツク海産の生帆立、帆立の浜焼き、そして、めんめが丸ごと一匹、だいいち特製の和風あんかけで出された。

釜飯は白米、鶏、花咲ガニから選べて、私は迷わず花咲ガニ。「冷凍のまま炊き込んでご飯に風味を出す」と長谷川さんがおっしゃっていた通り、ご飯から海の香りがした。初夏、浜に行くと強い潮風が吹き抜けるが、あの鮮烈な潮の香りだ。感動。

それだけではない。私は翌日の朝食にとんでもない体験をしてしまう。前夜の感動を上回る衝撃だった。

なんとそれは牛乳。さすが、酪農の中標津。

「養老牛放牧牛乳」といい、朝のビュッフェ会場では「おひとり1本」と明記されているほどの人気ぶり。

牛乳瓶の分厚い紙の蓋を開けると、上澄みが固まっている。その塊を口に含むと、まるで生クリーム。クリーム状の牛乳を噛みしめると甘みが広がった。

ごくごく飲むと、身体中がミルクに染まるかと思うほどの濃厚さ。飲んだ後も、その香りは口の中に残り、何を食べても牛乳を感じていた。

この旅ではお風呂を存分に堪能したくて、2泊した。2泊目の夕食は、1泊目と全くかぶらないメニューで、長谷川さんの工夫が窺われ、特にうま味が凝縮された中標津産のミルキーポークが心に残った。

そして、やはり3日目の朝食でも「養老牛放牧牛乳」に圧倒されたのだった。

（2022年12月掲載）

噛んでみなければラムだとわからない!?
「江差旅庭 群来」

（北海道・江差温泉）

昨年（2017年）10月、札幌での会合を終え、札幌駅からスーパー北斗に乗り、車窓から北海道の海と山の景観を愉《たの》しみながら函館へと向かい、そこから、日本海沿いの江差まで足をのばした。戦前は鰊《にしん》漁で賑わった江差には、コシノジュンコ先生ご贔屓《ひいき》の「江差旅庭 群来《くき》」があり、ジュンコ先生からその評判を聞いていた。

「群来」とは、鰊が群れをなしてやってくる様子、〝群来《くき》る〟に由来する。

海沿いの長閑《のどか》な街に、コンクリート塀で囲われた要塞のような建物が忽然と現れた。よく見ると渋墨《しぶずみ》塗りと石置き屋根は鰊小屋を継承しているが、ひとたび中に入れば現代アートを彷彿《ほうふつ》させる異空間だ。カッシーナの家具が置かれ、低い窓から眺められる海と空の風景は全て素晴らしい構図となっている。

ルームウェアはコシノジュンコ先生がデザインされていて、深いワインレッドのジャージ素材の上下にベストが付く。やわらかく着心地抜群。いつも、よれた浴衣姿でパブリックスペースに出るのは恥ずかしいと思っていたから、とても新鮮な感じ。それにベストを着用するだけで、なんとなく様《さま》になるのだ。

「群来」の棚田清《たなだきよし》社長は自家農場「拓美《たくみ》ファーム」を持っていらっしゃるので、案内して頂くと、雄大な草原の中で羊が伸び伸びとしていた。餌をちらつかせると猛烈に駆け寄ってくる。養鶏場もある。「3月にヒナを買いまして、旅館が忙しくなる夏に卵を産んでくれるように育てていますよ」という棚田社長の話を伺いながら、ふと疑問に思った。これほど生き物がいるのに、動物特有の異臭がしないのは、なぜだろう。そよぐ風が軽やかで爽やか、アフリカのサバンナで吹かれた風に似ている。

棚田社長が「うちは、羊にも鶏にも、カボチャやトウモロコシ、粟《あわ》に、発酵食品も食べさせています」とおっしゃるので、「人間の腸活みたい」と私がぼそっと呟くと、すかさず「人間が食べられるものを食べていますよ」と真顔で答えてくださった。なんて贅沢な動物たちよ、毛並みがいいわけだ。

見学後は、すぐに夕食だ。

メインで出される羊が「群来」の日玉で、棚田社長の「羊にリピーターがついています」という言葉を思い出し、羊肉のステーキを待つ。

やってきた羊肉を口にすると、特有の匂いが全くしないので、牛の赤身かしらと思ってしまう。だが噛みしめた時のねっとりとした弾力は、これまでの記憶にある羊だ。新鮮ゆえ食べやすい肉を噛みしめると、血がしたたり落ちるようで、こちらの身体までも血が湧きたつ。羊のソーセージは棚田社長が自ら作っており、こちらは嫌みのない程度に匂う。

魚の刺身が新鮮なことはいうまでもないが、特に江差で獲れたヒラメはその歯ごたえから察するに、ついさっきまで泳いでいたのではないか——。

そういえば、ジュンコ先生が朝食の卵かけご飯も話題にされていた。

ご親切に、テーブルには卵かけご飯のレシピが置かれてある。卵を割り、黄身と白身を分けて、白身だけをご飯にかけて、混ぜ合わせる。メレンゲを作るかのように、力を込めて混ぜまくると、ふわふわのご飯ができあがる。真っ白い泡の上に、美しく盛り上がった黄身をぽとんと落とし、醬油を一滴。崩すのは惜しい気もしたが、黄身はほのかに甘く、舌に残るコクは忘れられない味だ。

野菜などは、宿の周囲2キロ圏内のものを使い、出される食材全てが新鮮だ。

ここまで食事の話をしておいてなんですが、「群来」の最大のウリはやっぱり温泉だと思う。あの羊肉や鶏の卵を食す以上の効果が得られるからだ。群来の泉質であるナトリウム炭酸水素塩・硫酸塩泉は、ミネラルの含有量が多く、湯を両手ですくい上げると、ずっしりと重たい。全ての温泉には温熱効果があるが、「群来」の温まり感は半端でない。同じ40度の温泉ならば、「群来」の濃い湯に浸かれば他の湯の数倍の汗が出る。もし二日酔いならば、翌日に朝湯で汗を出しきれば爽快だろう。

「群来」のおすすめの滞在方法は、土地のおいしい水をたくさん飲み、湯に浸かり、畳にごろんとしてうたた寝。充分に水分を摂りながら、温泉とうたた寝を繰り返し、とにかく汗を出す。空っぽになった身体で新鮮な物を食す。これを繰り返せば、心身の〝毒〟が抜け、再生する。

（2018年1月掲載）

豪快！ 漁師料理と迫力！ なまはげ「結いの宿 別邸つばき」

（秋田県・男鹿温泉）

秋田杉の樽《たる》に味噌仕立ての汁が入っていて、その中に焼けた大きな石を入れる。「じゅう〜じゅう〜」とスープが勢いよく弾ける。

少し樽の中が鎮まったら、日本海の春を告げるメバルと牡丹海老、長ネギを入れる。それから、また焼けた石をひとつ、もうひとつ。

「ぴちゃ、ぴちゃ」。汁が樽の中で躍るように跳ねると、一気に沸騰する。

仲居さんがもうひとつ焼けた石を取り出し、今度は汁の中のネギに押し付けた。「じゅ〜っ」という音と共にネギが焼けるいい香りがしてきた。ものの2〜3分で男鹿半島名物の石焼料理ができあがり。

通常の2倍は入りそうな椀いっぱいに盛り付けられると、もわっと湯気が立ち上り、磯の香りがした。もう、たまらない。

かつて漁師たちは、漁に出る前に焚き火をして暖を取った。彼らは漁から戻ると、樽に海水を汲み、焚き火の下にあった焼けた石と獲ってきたばかりの魚を入れて食べた。この漁師料理がルーツだから、汁が飛び跳ねるのもご愛敬《あいきょう》。

この郷土料理に出会ったのは、秋田県男鹿《おが》半島にある「結いの宿 別邸つばき」でのことだった。

アオサやワカメのシャキシャキとした歯ごたえは、新鮮な証《あかし》。ハタハタの焼き物は身がみっしりと詰まっている。甘味と塩っ気のある鯛のかぶと煮といい、食べ進めると、無性にお酒を欲する。秋田の酒は少しどろっとして、お腹に溜まる。ちびちび飲むだけで、満足する。

茶碗蒸しの味付けが甘く、その理由を宿のご主人に尋ねると「自然環境の厳しい男鹿半島越えは体力を消耗しますので、身体が甘さを求めるんでしょうね。子供の頃から茶碗蒸しは甘かったですよ」と教えてくれた。

この晩の部屋「あきたびじょんルーム」に入ると、灯りには秋田杉の細工が施され、床には桜の材木が使用されていて、木の温かみにほっとした。二方向に大きく配された窓からは、遠くまで海が見渡せる。日本海にせり出すようにある男鹿半島は三方を海に囲まれる。ここは天然の食材庫なのだ。そりゃ、魚が旨いに決まっている。

男鹿半島と言えば、鬼のような仮面を付けて、藁《わら》を纏《まと》った神の遣い「なまはげ」の郷でも知られる。今でも年越しには、各家になまはげが訪れ「わ～るいごは、いね～がな～」と叫ぶという。その様子は、「男鹿真山《しんざん》伝承館」に行くと、体験できる。面を付けたなまはげが叫び、お腹に響く大きく野太い声には怯《ひる》んでしまうが、これも旅の醍醐味だ。

「別邸つばき」では、毎晩、夕食後になまはげが太鼓を叩く「なまはげ太鼓」が披露される。館内中に太鼓の音は響き渡り、観ている者の内臓にまでその音が木霊《こだま》するようだ。男鹿半島では、身体に響く音と出会える。

夜、お風呂に行く。海沿いの温泉特有の、塩っ気のある湯が湯船にたっぷりと注がれる。じんわりじんわり、熱が身体に入っていく。身体の形状に模《かたど》られた寝湯では本当に寝てしまいそうだった。露天風呂に出ると手すりもあるが、それだけでなく、湯船の中でつかまりたい所に岩が置いてあった。入浴する人の動線をきちんと把握した岩の配置だった。

湯から上がり、改めて館内を見渡すと、玄関先には車いすが用意されている。車いすを利用されたお客さんもいる。けれど手すりなどは、見当たらない。

ご主人に聞くと、「ご高齢のお客様が多いんですよ。だからといって、仰々《ぎょうぎょう》しいバリアフリーの設備ですと、お客さんにストレスを与えてしまいます」

「別邸つばき」では、柱や框《かまち》につかまれるようになっているので、手すりがないのだ。またコンシェルジュ制度を取り入れており、手助けが必要なお客さんとは密に連絡を取りあいながら、迎えているという。

「男鹿半島全体で身体のご不自由なお客さんを歓迎しておりまして、貸し出した車いすは半島内では乗り捨てて頂けます」

豪快料理、迫力なまはげの奥にあった心づかいに触れた男鹿半島の旅だった。

（2018年6月掲載）

夏の戦《いくさ》の戦利品
「稲庭うどん」

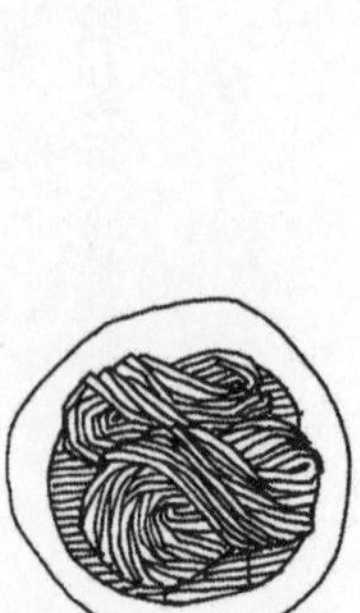

（秋田県・湯沢温泉）

「つるっ」と、喉を通り抜ける。

すべりやすくするために麺をコーティングしているのだろうかと思えるほど、稲庭うどんは喉ごしがいい。特に暑い夏の日は、麺が涼を運んでくれる。

私にとってそれは前日の戦いの戦利品だった——。

今年（２０２２年）、ふるさとの長岡花火が３年ぶりに上がる。万感の思いがある。

幼少の頃は毎年、花火柄の浴衣を新調してもらい花火を見上げた。好きが高じて、長岡花火のルーツを辿《たど》る取材をし、２０１４年に『白菊－shiragiku－伝説の花火師・嘉瀬誠次《かせせいじ》が捧げた鎮魂の花』を出版した。

温泉や旅の本は何冊も書いてきたが、花火は初めて書くため、まずは代表的な花火大会に足を運んだ。秋田の大曲《おおまがり》の花火も見なければいけない花火のひとつだったが、なんのツテもなく、宿泊先のあてもない。ただそれまでの宿泊施設の取材経験から、キャンセルは直前に出るものだし、行けばなんとかなるという場当たり的な自信は持っていた。

大曲花火大会開催の前日に、近隣のホテルに電話をかけた。10軒目くらいだったように記憶しているが、「いまキャンセルが出ましたので、ご予約を承れます」と秋田市内のビジネスホテルが取れた。ガッツポーズ。

さて大曲の花火の当日。自由席で立っていくことを覚悟して、乗車時刻の2時間前にJRの券売機前で購入手続きをすると、指定席が1枚だけ残っているではないか――。ええ、いいんですか……。

神様に導かれるように、この日、秋田県大曲に向かった。大曲駅からは人の流れのままに歩くと花火の観覧会場に着いた。

むろん、私には観覧席などはない。さて、どこで見よう。

会場をさんざん歩き回って、結局、地元の人が観覧用に敷いたシートとシートの隙間に入り込んだ。一人座れるぎりぎりのスペースで、ナイロン袋を敷いて自分の席を用意した。近隣の方には笑顔を振りまいた。

打ち上がり始めた。花火会場特有の火薬の匂いがした。これが臨場感というもの。大曲花火大会は、花火の技を競う会である。尺玉が真円に開くこと。花火の発色などのデザイン性。3分の音楽に合わせたスターマインの創造性で評価される。全国各地の選りすぐりの花火師が世界に誇る日本の技を披露した。

終了後、火薬の匂いをまといながらの大曲から宿泊先の秋田のホテルまでの新幹線は、オセオセの自由席で立って移動した。実にドキドキな1日であった。猛烈に蒸し暑いのに冷汗はかく。トイレの場所がよくわからず、トイレに行く間があるかもわからずで、水分もろくに取らず、身体は干上がった。

翌日、大曲の花火が観覧できた自分への褒美に秋田県湯沢市稲庭町に立ち寄った。稲庭町には20軒ほどのうどん店がある。江戸時代よりうどんを作り始めた老舗の「佐藤養助 総本店」で稲庭うどんを注文した。

「二味せいろ」を注文するとゴマダレと醤油ダレの2種類と、つやつやと光るうどんが出てきた。空腹もあって、箸でわしっとつかもうとしたが、麺がすべってつかめない。3〜4本ずつの細い束にして、タレに入れて一口。つるつると口に入る。噛みしめるとしっかりとしたこしがあるが、ごくんと飲み込むと、するっと涼が通り抜けた。

急に思い立ち、大曲の花火を見るという、無鉄砲な私の夏の戦いに勝って得られた格別な味わい。カラカラに乾燥した身体がみるみる潤っていった。

湯沢市は温泉の宝庫でもある。硫化水素のガスにより木一本生えていない、まるで地獄絵図に出てきそうな川原毛《かわらげ》地獄。温泉が滝となっている川原毛大湯滝《おおゆだき》。素朴な秘湯の宿が並ぶ泥湯《どろゆ》温泉。大源泉地帯に大噴湯が見られる小安峡《おやすきょう》温泉と、個性的な温泉ばかりだ。小安峡温泉の知り合いの宿で、ひとっ風呂。無色透明なお湯でやわらかい。戦いの後の休息であった。

ちなみに稲庭うどんは温かくして食べても、喉ごしの良さは存分に発揮される。湯気が立ち上る汁の中につやつやとした麺が浮いている。ふうふうと言いながら、つるっと喉を通る麺は温かい汁も共に連れてきてくれる。カツオ節を出汁《だし》にしていれば、香りもついてくる。喉も胃腸もほかほかになる。

（2022年8月掲載）

秘湯クリエーター作の山の芋鍋「鶴の湯」

（秋田県・乳頭温泉郷）

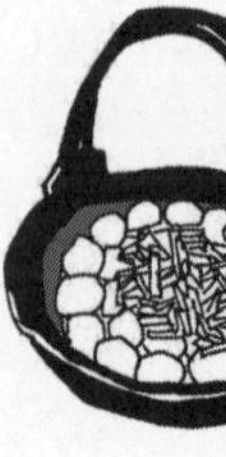

今年（２０１８年）の夏は、秋田県乳頭温泉郷「鶴の湯」のご主人、佐《さ》藤《とう》和志《かずし》さんに誘われて、大曲の花火を見た。「鶴の湯」は１９９７年の冬に、私が初めて温泉を取材した思い出深い地である。

秋田新幹線田沢湖駅からバスとマイクロバスを乗り継いで40分ほど。途中から砂利道が延々と続き、どこへ連れて行かれるのだろうと20年以上前は不安になった。到着した「鶴の湯」は、黒く大きな門がそびえ、その奥には宿場町のような風景があった。時代劇の中にいるようで、いつの時代にやってきたのか……、タイムトリップとはこういうことかと衝撃だった。特に、あの日は雪がしんしんと降り、辺りの音を雪がかき消し、その静寂がかもしだす世界観に圧倒された。

これが私の秘湯デビューで、初めて尽くしだったあの日を思い出した。

あれから20年以上が経ったのだ……。「鶴の湯」の門が目に入った時には、胸の奥がキュンとした。初恋の人に会いに来たような気分とでも言おうか。

そもそも「鶴の湯」は廃墟寸前まで放っておかれたものを佐藤さんが譲り受けた。今では秋田の観光ポスターには必ずといっていいほど使われる「絵になる温泉」だ。一世を風靡《ふうび》した韓流ドラマ「IRIS－アイリス－」で、主人公役のイ・ビョンホンとキム・テヒが足湯をしたシーンの露天風呂もここ。ドラマには佐藤さんご夫妻が混浴風呂に入るシーンが出てくる。昨今の秘湯ブームは「鶴の湯」の存在が大きい。

夕食は朱色の盆の上にジュンサイや地元の野菜、いぶりがっこと秋田の味や岩魚塩焼きが並ぶ。

「鶴の湯」の名物は山芋の鍋。この辺りで栽培されている、こぶし大のゴッゴツした丸いつくね芋をすり潰し、団子状にしたものを鍋に入れる、秋田県仙北《せんぼく》地方の郷土料理。山芋といっても大和芋に近く、強い粘りでつなぎは使用せずともまとまり、滋養効果が高いと言われている。この他にゴボウ、大根、人参などの根菜と豚肉、しらたきと盛りだくさんの具が入る。囲炉裏に鍋を吊るし、木蓋を開けると湯気が立ち上り、ぶわんと香ばしい匂いがするのは、自家製味噌を使っているから。味噌ゆえのコクなのか、味噌以外に酒粕でも入っているのだろうか、舌の両脇がきゅんとする旨味。一見、シンプルな鍋だが、味噌と団子の味わいは唯一無二。

初めて「鶴の湯」で味わった時、鍋のスープを一滴も残さずに、もちろん具も完食した記憶が蘇ってきた。はちきれんばかりのお腹になったが、消化は早かった。

夕食後、混浴露天風呂に向かった。混浴でも女性が入りやすいようにと、出入口に大きな岩が配されている。湯船の底から温泉が湧いていて、ぷくぷくと泡が浮かんでは消える。泡が出てくるところは時折変わる。太ももに当たるとこそばゆい。お尻の真下から湧けばおならでもしたようだ。ぷ～く、ぷく……。

秋田訛《なま》りの穏やかな口調で「日本人はね、浸かってざぶ～んってお湯が溢れる、あれがないとね」と佐藤さんが話されていた。「鶴の湯」の内風呂や佐藤さんのもうひとつの宿「鶴の湯別館 山の宿」の大浴場にも檜《ひのき》の湯船がある。たっぷりとした湯が湯船に注がれる音と溢れ出すざぶ～～～んという音。これらの湯の音が天井に響きわたり、木に反射して優しい音になって返ってくる、その多幸感――。

佐藤さんは、私が初めてお会いした旅館のオーナーだ。佐藤さんは己が理想とするものを全て具現化して、郷愁を湧き立たせる秘湯づくりをする。その手腕は優れた経営者そのもの。でも、私にとっては尊敬するクリエーターでもある。佐藤さんが手がけたお風呂なら、私はすぐに気づく。佐藤さんの作品だから。

翌日、佐藤さんと大曲の花火を見上げた。

「創作花火がいいんだよ」と、佐藤さんが目をきらきらさせた。創作花火は制限時間3分間のミュージックスターマイン。テーマにあった音楽の選曲、打ち上げられる花火の構成等で審査される。ひとつとして同じスターマインはなく、それぞれに物語がある。雪をテーマにした花火、流星群をモチーフにした花火……。花火師が花火に託す想いを感じたし、曲にのって軽やかに自由に表現された花火には感銘を受けた。温泉への想いをお風呂で表現する佐藤さんがお好きなのはよくわかる。

温泉を旅して伝える仕事を始めてから20年以上が経つ。そんなタイミングで佐藤さんと一緒に創意工夫に溢れた大曲の花火を見られたのは、私のこの夏の大切な思い出だ。〝初恋の温泉〟に会いに来て、本当に良かった。

（２０１8年11月掲載）

郷土料理「かやきっこ」で温まる「妙乃湯」

（秋田県・乳頭温泉郷）

一昨年（2016年）の夏、手術をした顚末《てんまつ》を観光経済新聞の連載に綴ると、掲載されたその日に電話が鳴った。

「大変だったね～、うちに休みにおいでよ」

馴染みの女将の声、秋田県乳頭温泉郷「妙乃《たえの》湯《ゆ》」の佐《さ》藤《とう》京《きょう》子《こ》さんからだった。

乳頭温泉郷は乳頭山の麓のブナの森に抱かれるように、鶴の湯、蟹場《がにば》、孫六《まごろく》、大《おお》釜《がま》、黒湯《くろゆ》等の7つの温泉が湧き、昔ながらの秘湯の風情を残す。とりわけ「妙乃湯」は、女性に人気があり、予約を取るのが難しい。

もともと東京でインテリアデザイナーをされていた京子さんは、昼夜関係なく猛烈に働く中で、心身が疲れ、親戚が営んでいた「妙乃湯」に湯治にやってきた。

「お湯は素晴らしいんだけどね、当時は女性が湯治できる宿じゃなかったのよね」

京子さんは東京を離れ、女性も寛げる湯治宿を作るために「妙乃湯」に入った。

京子さんとの出会いは、初めて「妙乃湯」を訪ねた2003年。原色の花々のワンピースを着こなし、都会的な空気を纏っていた。

2000年代前半は、まださほど乳頭温泉は注目されてなかったが、「妙乃湯」には女性客が多く、私の記憶にも残る宿だった。

一昨年の年末に「妙乃湯」を再訪すると、第一印象で抱いた洗練された空間にさらに磨きがかかっていた。

玄関に入るとカサブランカが生けられてあった。その百合の匂いを邪魔しない程度に、ほのかに香りがたつ。桃色の紬《つむぎ》生地の暖簾《のれん》といい、この華やぎは意表を突く。

大浴場前には、美しい模様が入った硝子製の水差しに「ぶなの森の水」という湧き水が用意されている。「そうそう」と、私は頷く。湯上りにはその土地で湧いたおいしい水が飲みたいものだ。それも素っ気ない器やネーミングじゃ、旅の気分は盛り上がらない。「ぶなの森の水」は湯上りの身体にすっと染み込んでいった。

「妙乃湯」には酸性・カルシウム・マグネシウム・硫酸塩泉の「金の湯」と単純温泉の「銀の湯」の2本の源泉がある。「金の湯」が注がれる混浴露天風呂は、川を望み、美しく雪化粧されていた。でも私は「妙乃湯」発祥の内風呂「喫茶去《きつさこ》」がとりわけ好き。「銀の湯」が注がれている湯船の底には玉砂利が敷かれていて、入浴中に足の裏で砂利を転がすと指圧されているみたい。温熱効果に加えて、血流が良くなる。

料理はもっぱら秋田の食材が並ぶ。喉ごしのいい稲庭うどんはさっぱりとした汁に絡めていただければ、どんどん食べられる。いぶりがっこは、辛口のオリジナル地酒「妙乃湯」と実によくあう。最も印象に残っているのが「かやきっこ」。メニューを見た時に想像できなかったが、京子さんが教えてくれた。

「『かやき』をね、漢字で書くと『貝焼き』なの。秋田では昔っから、北海道産の大きな帆立貝の貝殻を鍋のかわりに使っていたのね。『かやきざら（貝焼皿）』と言って七輪にのせ、ひとりずつ煮ながら食べていたから、うちでも出しているのよ」

七輪の網の上に大きな帆立の貝殻が置いてあり、その上に帆立と白身魚、ワカメが盛られていた。口に含むと、貝殻も溶け出しているのではないかと思うほど、味もにおいも磯の香りがする。帆立や大ぶりな白身魚も食べ応えがあるが、とりわけワカメの食感が驚くほど。活きがいいのだろうか、ゴリッゴリッと噛みしめると、海の情景が浮かんだ。

食事の〆《しめ》にふるまわれるきのこ汁は、カットしていない大振りのきのこが味噌汁に浮いていた。郷土料理のどれもが素朴な味だった。

夕食を終えた時に、お腹だけでなく、目も満足していたことに気づく。田舎なのに華やぎがあるという「妙乃湯」ならではの特徴が料理にも及んでいるからだ。朱色の漆器に食材が並べば、膳が賑わうというもの。この華は、私の心を躍らせた。

女性が喜ぶひとつひとつの工夫は、京子さんの「頑張る女性に寛いで欲しい」という気持ちが随所に出ている証なのだろう。

京子さんが女将を務める宿がもう一軒ある。

「『妙乃湯』は敷地の広さの限界があったから、私の理想とする旅館をゼロから作ったのよ」

それは角館駅から車で30分ほどの夏瀬《なつせ》温泉「都わすれ」。その名の通り、憂き世を忘れさせてくれる宿だ。

（2018年2月掲載）

恵みの雨と、音を奏でるいぶりがっこサラダ「都わすれ」

（秋田県・夏瀬温泉）

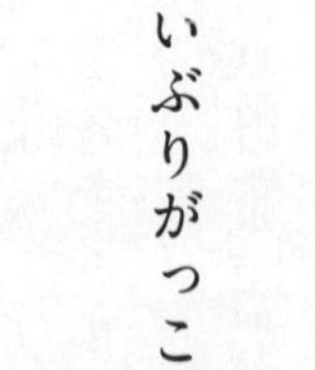

秋田県の小京都・角館から車で30分ほどの所に、夏瀬温泉「都わすれ」がある。山奥へ入っていき、途中から舗装されていない砂利道になる。この砂利道を20分ほど行くと到着する。

抱返《だきがえ》り渓谷沿いにひっそりと建つ「都わすれ」の客室は10室のみ。他に民家がないどころか、宿以外の人工物がない人里離れた秘湯の温泉旅館だ。

前項で秋田の姉妹旅館である乳頭温泉郷「妙乃湯」について記したが、「都わすれ」も同じ女将・佐藤京子さんの宿だ。今は妹の長田幸子《こうこ》さんと2人で2つの宿のもてなしをやっている。

フロントロビーで冷たいおしぼりを手にしてほっとした。部屋に入り、渓谷が眺められる露天風呂で汗を流す。

早い夕食時間を選び、食事処のテーブルにつくと、隣席とは薄い桃色の麻の布で仕切られていた。他人を気にせずに寛げるのは、ひとり旅をしている者には有難い。ひとりだと食事の時に話し相手に困ることがあるが、「都わすれ」は席からの眺めが私を飽きさせなかった。

雨が降り注ぎ、中庭の茂る緑を濡らしていた。葉っぱからは水滴がしたたり落ちて、遠くの山々には霞《かすみ》がかかる。恵みの雨に見えた。眺めていると、日々の生活で蓄積された心の汗や垢、泥が洗い流され、潤いを与えてくれるような雨だった。「せっかく来てくれたのに、雨だわね〜」と女将の京子さんが微笑んだが、むしろ梅雨の季節に訪ねて良かった。

数々の旅館を泊まり歩けど、「都わすれ」の食事のおいしさは格別だ。

まず見栄えがいい。器を選ぶのは女将の仕事。ガラス製の涼やかな皿に、山菜のみずの生姜浸し、みずのたたき、根曲がり竹の味噌炒めなど、山のものが並ぶ。椀ものは稲庭うどん。鰹節を出汁に使っているから、コクがある。

蒸し物はトマトと蟹の茶碗蒸し。トマトはいかなる役割をするのかと疑問があったが、出てきたのは食事の中盤。「お腹いっぱい、もう入らないかも～」と心の中で呟いたが、トマトがいい仕事をしてくれた。酸味が舌をリフレッシュさせ、ついでに胃袋には活が入り、まだまだいける気になってきた。

秋田由利牛石焼や比内地鶏のつみれ鍋も珠玉。しかしながら、私の心に刻まれたのはいぶりがっこのサラダだった。メニューを見た時に、その組み合わせの味が想像できなかった。大きな丼に、紫レタスと水菜が盛られ、刻んだいぶりがっこが入っていた。ドレッシングはなく、目の前でパルメザンチーズがすりおろされる。食すと、葉物の「シャキシャキ」と、いぶりがっこの「ボリボリ」という音色がした。チーズを噛む「ムニュッ」とする音はアクセント。軽くリズムを作り、音を響かせながら、初めて味わう和風サラダを愉しんだ。

仕上げに、小さな火鉢の上で焼かれた味噌たんぽが2本用意された。甘味噌と山椒味噌がそれぞれに塗られている。もっちりとしたたんぽからはお米の焼ける香ばしい匂いがした。甘さと辛みの味の違いで、全く飽きない。

完食！　我ながら笑っちゃうほどの食べっぷり。

夕食後、貸切風呂に行く。

江戸時代には角館の殿さまも愛したナトリウム・カルシウム・硫酸塩泉は、皮膚病に良しとされており、カルシウム成分は日焼けで火照った肌の鎮静効果もある。――という能書きを忘れてしまうほど、お湯が美しい。湯船の底に敷かれてある玉石がくっきりと見える。両手ですくうと、きらきらさらりと手のひらから落ちた。貸切風呂に新たに作られた打たせ湯を肩に当てた。凝《こ》りがほぐれるねぇ〜。

翌朝、目覚めてから湯に浸かり、朝食へ。

食事処のカウンターには生野菜とフルーツ、生卵にヨーグルトと牛乳が置かれてある。テーブルにつくと、鹿角《かづの》の桃のジュース、角館名物の藁で包まれた納豆とともんぶりが用意されている。スタッフが持ってきた焼きたての玉子焼きはふわふわ。焼き魚も自分で選べた。

こんなにもご馳走が並ぶ中で、目を引いたのは樺細工《かばざいく》が施された水筒だ。「ブナ木の山塊から湧き出る水」と言葉が添えてある。水が身体に染みわたる。命の水だ。降り続く雨を眺めながら、水のおいしさを味わった。

（2019年9月掲載）

亡き父と囲んだ名旅館の膳
「日本の宿 古窯」

（山形県・かみのやま温泉）

　東京２０２０オリンピックの招致の際に話題になった滝川クリステルさんの「お・も・て・な・し」も、随分前の話になった。２０２０年に新型コロナウイルスが蔓延《まんえん》し、オリンピック・パラリンピックは２０２１年に開催されたわけだが、コロナ禍の下では「おもてなし」も存分にはできなかったのではないだろうか。もてなしのプロが揃う旅館でも事情は同じだ。人との接触を避けることがコロナ対策と言われれば、難しい。

　盛夏の頃に、取材で山形県かみのやま温泉「日本の宿 古窯《こよう》」に出かけた。

　屋号である「古窯」は、約１３００年前（奈良時代）の窯跡が敷地内から見つかったことから、その名がついた。その謂《いわ》れから、滞在中に皿に絵付けをすると、窯で焼いてくれ、後日郵送してくれる「らくやき」サービスがある。

館内には「古窯」を愛した著名な方の数多《あまた》の「らくやき」が展示されており、圧巻だ。直筆には人柄が表れるもので、故人の「らくやき」などは貴重な資料である。

古窯グループは、2019年に創業300余年の老舗旅館・鶴岡市のあつみ温泉「萬国屋《ばんこくや》」を買収し、リニューアルオープンさせた。宿泊施設や飲食店を8つ有し、観光業が最も苦しい時期でも企業として拡大し、繁栄を遂げている。

それに加え、「古窯」には3人の女将がいる。92歳の大女将・佐藤幸子《さちこ》さん、社長を兼務する女将・佐藤洋詩恵《よしえ》さん、若女将・佐藤奈美《なみ》さん。女将3代が現役で揃う旅館は古窯だけではないだろうか。旅館業においては、女将の采配がものをいうところがあるから、「古窯」の繁栄は「女将」の力も大きい。

コロナ禍の集客状況を聞くと、洋詩恵女将は「首都圏からもたくさん来て頂いています。コロナの終息を待つのではなく、いま何ができるかを考えないといけません」と、決してコロナに負けていない。

インタビューを終えると夕食の時間になった。前に泊まった時に食した、山形特産の紅花が入った紅花塩を添えた米沢牛ステーキや、「古窯」屋号の由来の窯にちなんだ名物「古窯開運パイシチュー」を思い出し、心弾ませて食事処に向かった。

個室の扉を開けると、ひとりで夕食を摂るはずが、席が2つある。スタッフさんに「どなたか、ご一緒して頂けるんですか」と訊ねると、「女将が『お父様と一緒にお召し上がり頂きたい』と申しております」と言うではないか。父の陰膳《かげぜん》が用意されていたのだ。私の席の斜め向かいに、百合を描いた紙が巻かれたお重に、前菜4種が入り、ご飯とお味噌汁が添えられてあるのを見て、涙が込み上げた。

3月に父が亡くなってから、様々な手続きがあったし、緊急事態宣言中に葬儀や四十九日法要や新盆を執り行ったこともあり、娘としては十分なことをしてあげられなかったという後悔が残った。突然父を見送った高齢の母も心配だったし、自分の悲しみには蓋をして目先のことに懸命だった。

だから、この時、初めて心から泣いた。ようやく存分に泣けた。

父は膳の前に座り、にこにこしていた。積もる話をしながら、時に笑いあった。「古窯開運パイシチュー」の器の上側はこんがりと焼いたパイに覆われている。生地をサクサクと崩すとビーフシチューが顔をのぞかせ、ごろんとした大きな牛肉が浮かんでいた。デミグラスソースのシチューは濃厚ではあるがすっと溶けていき、味がくどく残らない。どこか和風でお米にもあう。ぱりっと香ばしい生地をシチューに染み込ませてから食べる。

「染みたパイがとろけそうよ！」と父に語りかけると、「やっこいな」と微笑んだ。「お父さん、山形のつや姫もいけるね」と、コシヒカリに慣れた父に話しかければ、「そうらな～」と返してくれた。サクランボの塩漬けは酸味と甘みと塩気のバランスが絶妙で、これ、お父さんが好きな味だなぁ～と呟いていた。

最後に父を温泉旅館に連れていけなかった大きな後悔が少し慰められたし、最も欲していた父との時間を「古窯」からもらった。

洋詩恵女将の「宿は、人と人との魂の交流の場です」という言葉を思い出す。

翌日の最高気温は37度。暑いものの、雲ひとつない晴れ渡る空の下で露天風呂に入るのは爽快。最上階にある露天風呂から蔵王連峰が見渡せるし、空も近く感じられる。父も一緒に温泉に入っていたに違いない。

（２０２１年10月掲載）

小さな秘湯を守る人「湯滝の宿 西屋」

（山形県・白布温泉）

1997年の晩秋、初めての温泉取材で秘湯に行った。団体客を受け入れるような大型旅館ではなく、野趣に満ちた環境の中でポツンと一軒。周辺に地中から溢れ出るままに温泉が湧いていた風景をよく覚えている。まだおおらかさが残る1990年代後半。見ず知らずの男女がお風呂を共にする混浴スタイルも残っていた。

日本の温泉の原風景なのかもしれない。本能的にそう感じて、面白い世界を見つけたなぁとわくわくした。この興味深い秘湯が始まりでなければ、ここまで温泉一筋になれなかったかもしれない。

その後、世界32か国の温泉を訪ね、日本の温泉を海外に紹介する仕事もしてきた。昨今は温泉地のバリアフリーの状況を取材している。

こうして、様々な切り口で温泉にアプローチをしてきた私が、久しぶりに「秘湯」と向き合うことになった。

JTBパブリッシングの旅雑誌『ノジュール』の「秘湯」特集で、山形県米沢市を旅してきたのだ。取材先は白布温泉の「湯滝の宿 西屋」。江戸時代から続く白布温泉は、かつては3軒の茅葺《かやぶき》屋根の宿が並ぶ風景が象徴となっていたが、2000年の大火により「西屋」のみがその姿を残している。

「西屋」は1976年に高名な建築家によって改築され、秘湯ながらも格調高い旅館となった。特に籐《とう》を敷いた廊下が私は好きだ。

お風呂は江戸時代に作られた御影石の湯船を今も使っている。お湯は滝のように流れ落ちており、その下に立ち、肩や腰に当てると、重たかった何かが流される……。

夕食は米沢という土地柄、メインは米沢牛のすき焼き。特製味噌だれでいただく。味噌が作用するのか、もともとやわらかい米沢牛がさらにとろける。卵の黄身にくぐらせて頰張ると、米沢牛の脂で恍惚《こうこつ》となる。味噌味はご飯が進み、ご飯茶碗1杯をたちまちたいらげて、おかわりした。

郷土料理「冷や汁」と書かれた蓋がついた二重の椀も気になる。上段は蕎麦《そば》あれ、下段は出汁に根菜ときのこが入っている。汁の椀にあられをのせて頰張ると、ポリポリと元気のいい音が響く。さっぱりとしていて、口直しにちょうど良い。

脇役のはずのおばんざいがとてもおいしかった。ピリ辛の青菜しぐれは、山形産「つや姫」にのせて食べるとよくあうし、白米にあうということは、地酒との相性も抜群。ぐいぐいいけた。結局、ご飯3杯いただいた。

「西屋」に来るのは3度目だろうか、前は湯滝風呂のお湯が熱かった。

「私が湯加減の調節をしているんです。お客様への気持ちを込めて、季節によって適温にしています」と女将の遠藤央子《えんどうひさこ》さん。力仕事も多い湯守の役割を女将がしているなんて珍しい。袴姿で作業する央子女将は、勇ましい！

白布温泉の源泉温度は60度ほどで、冷ますために江戸時代から沢の水を引いて使っている。

「豪雨で沢の水を引く樋《とい》に土砂が詰まると、掃除に行くんです」というご苦労も。

そもそも人が暮らすことも困難な大自然の中に、たゆたゆと温泉が湧き出ているのが秘湯。そうした厳しい自然環境下でお客を受け入れるのが秘湯の宿。私がこうして秘湯に浸かれるのは、自然と共存してくださる宿の方がいるからなのだ。温泉とは、そもそもそういうもので、だから風景も人も素朴なのだ。

「西屋」を後にし、上杉神社に向かった。参拝した後、神社の脇にある「上杉伯爵邸」で、米沢の郷土料理がいただける「献膳料理」を頼んだ。

「米沢牛のいも煮」は定番。「鯉のことこと煮」は、米沢で正月や冠婚葬祭で出される「鯉の甘煮」のアレンジ料理で、骨までやわらかくなるよう煮込まれていた。

上杉鷹山《ようざん》が垣根として植えたことで米沢に定着したうこぎ。その新芽は食用、根は薬用というが、ご飯と混ぜた「うこぎご飯」は新芽の緑が綺麗だった。帆立と貝柱と干し椎茸で出汁をとってたくさんの根菜を入れた「冷や汁」は、鷹山公が一汁一菜を掲げた際に広まったそうだ。

うこぎ……、上杉謙信の里である新潟南魚沼の六日町でも食べられるなぁ。

我がふるさとの新潟とのご縁を強く感じずにはいられなかった。

（2022年11月掲載）

温泉に入ったら一晩で火傷が治るの巻
「旅館 玉子湯」

(福島県・高湯温泉)

作家は温泉が好きと決まっている。川端康成、与謝野晶子、井伏鱒二、山口瞳……。名湯を訪ねれば、必ずといっていいほど、先人作家の足跡がある。

現代作家の中で、一、二を争う無類の温泉好きは浅田次郎先生だと思う。以前に『オール讀物』誌上で対談させて頂いたご縁がある。その後、浅田先生にお会いすると、私は質問攻めにあう。「最近、どこかいいところあった?」と。私の最新温泉情報を聞いて、浅田先生は、温泉巡りの参考にされたいのだろうか。

浅田先生が温泉の話題の時に必ず挙げるのが、福島県吾《あ》妻《づま》連峰の中腹に湧く名湯「旅館 玉子湯」。浅田先生は茹《ゆ》でたての卵を剝《む》いた時のようにふわんと香る乳白色の湯、熱湯好きときているから、「玉子湯」を気に入られているのは納得だ。

先日、久しぶりに「玉子湯」に泊まった。

到着早々、翌日に開催される「第5回 若旦那サミット」の打ち合わせがあった。仕事の話もしつつ、やはり浅田先生の「玉子湯」好きにも触れた。

「玉子湯」の宿泊棟から外に出ると、小川を隔てた対岸に茅葺屋根の湯小屋がある。浴場は男女別に仕切られているが、湯船はひとつ。大きな湯船の真ん中に仕切りがあるだけで、天井も繋がっているし、実は、湯船の中も繋がっている。そんな古来の温泉の風情を漂わせる湯小屋なのだ。

ひとっ風呂を終えた時には、空腹で倒れるかと思うほど、お腹が減っていた。「玉子湯」は血流促進効果が絶大。よって入浴中のカロリー消費増大は想像にかたくないから、「ダイエットの湯」とも言えるが、私は「空腹の湯」と呼びたい。

湯上り、夕食の席についた時には、ご馳走が並んでいた。最も目を引いたのが福島のオリジナルブランドポークであるエゴマ豚のしゃぶしゃぶだ。

「肉がやわらかくなるように、エゴマを食べさせて育てた豚です。必須脂肪酸の一種であるα－リノレン酸が通常の4倍も含まれているそうです」と教えて頂いた。

綺麗なピンク色の豚はさぞかし旨味がありそう。ひとり用の鍋で出汁を煮立たせる。鍋から蒸気が上がったから、しゃぶしゃぶのタイミングだろうと胸を躍らせる。

そして――。

素手で熱々の鍋の蓋に触ってしまった。

「じゅわっ」

アルミの蓋に触った右手中指の先の皮膚が、蓋に焼けついた音が聞こえてきた。

「やっちゃった……」と心の中で呟く。

とっさに蓋を投げてしまった大きな音で、近くにいた女性のスタッフが事態を察し、すぐに保冷剤を持ってきてくださり、「うちの温泉は、火傷にいいですから」と、おっしゃる。

痛くて箸を持つこともままならなかったが、食い意地は別。豚肉は肉厚で、弾力ある歯ごたえ。噛みしめるとぎゅっと旨味が口に広がった。確かに、やわらかい。しゃぶしゃぶの野菜も、だいぶ熱を加えてからいただくと、豚肉の旨味がうつっている。おいしいものをいただく瞬間だけは、痛みを忘れる。

確かに、「玉子湯」なら火傷によいはずだ。でもこの手を湯に浸けたら、ヒリヒリするだろうと想像する。覚悟して湯小屋に向かい、指を湯に浸ける。またもや「じゅっ」と、温泉の染みた音がしたような気がする。

痛い、痛い、シミマス、シミマス……。

それでも指を入れ続けた。湯から上がった時には、火傷そのものの痛みがひけている。もう、冷やす必要はなさそうだ。

翌朝、目覚めると、指の痛みはなくなり、違和感が少しだけある程度。

ブラボー、「玉子湯」。

身体を張って得た、「玉子湯」が火傷に効くエピソードは、もちろん翌日の「若旦那サミット」で、ツカミとして披露した。

次に浅田先生にお会いした際には、この話をしよう。きっと「空腹の湯」という、「玉子湯」の呼び名にも共感してくださるはずだ。しかしさすがに、浅田先生は自ら火傷をして、一晩で治癒した体験はあるまい。

（２０１９年６月掲載）

守り人がいる宿の伝統料理、鯉の甘煮
「向瀧」

（福島県・会津東山温泉）

先日、雑誌の取材で福島県会津東山《あいづひがしやま》温泉「向瀧《むかいたき》」を再訪した。もう何度目だろうか。

初めて「向瀧」を目にした時の興奮は忘れない。会津若松駅からタクシーで向かい、湯川《ゆがわ》沿いに堂々と鎮座する「向瀧」に目を奪われ、すっと背筋が伸びたことを。

「向瀧」は赤瓦葺入母《いりも》屋根の木造2階建て。ちなみに大正初期に完成した「はなれ」では、書院造りや四方柾《しほうまさ》などの伝統的な日本建築の粋を見ることができる。

「登録有形文化財制度」（1996年施行）の第1号に登録された、そのかもしだす風格に、誰もが圧倒される。

館内に入れば、手入れが行き届いた庭を囲むように、磨き上げられた廊下が続く。「向瀧」6代目社長の平田《ひらた》裕一《ゆういち》さんは「木造建築は、気密性の高い鉄筋の建物とは違い、自然と換気ができるように造られています。お食事は部屋出しです。何より自家源泉ですので、新鮮な温泉にたっぷりと入って頂き、コロナ禍でも安心してお寛ぎ頂けます。『はなれ』はすぐに予約で埋まります」とコロナ禍でも人気を誇る理由を話してくださった。

「日本の気候に合っているのが日本の住宅であり、旅館もそうなんです。古き良き日本旅館を守ろうとやってきたことが、コロナ禍のいま、新たに評価されたような気がしますし、守り続けることの大切さを感じています」と平田社長はにこやかに語る。文化財の宿はコロナ対策がしやすい造りなのだと納得した。

自慢の自家源泉が注がれる「向瀧」名物「きつね湯」は、かつて会津藩が所有していたものを明治6年に平田家が譲り受けた。現在もその「きつね湯」で温泉に浸かることができる。温泉は「向瀧」が保有する源泉3本を混合し、源泉から湯船まで湯を運ぶ配管の距離によって、湯船に注がれる温度が45度に保たれている。やや熱めだが、そのピュアなお湯はやわらかく、肌に優しい。

部屋に用意される食事は会津漆器の朱色の器に盛り付けられている。印象に残ったのは3つ。まず「にしんの山椒漬け」。山椒が香り、にしんの骨にまで醤油の風味が染み込んでいる。「向瀧」オリジナルの日本酒「美酒佳肴《びしゅかこう》」に手が伸びた。きりっとした辛口でよくあう。

次に、会津伝統の汁「こづゆ」。かつて会津地方では冠婚葬祭や盆暮れに、大皿に盛り付けて出されたというが、向瀧では「手塩皿」で出される。帆立出汁の澄んだスープに、人参、里芋、蓮根などの根菜が2センチ四方に切られ、豆麩《まめふ》と椎茸と木耳《きくらげ》が入り、三つ葉が添えられている。私のふるさと新潟の郷土料理「のっぺい汁」と似ている。

そして「向瀧」名物と言えば、「会津藩直伝 鯉の甘煮《うまに》」だ。醤油味と甘味で煮つけること7時間。箸を入れると、身がほろりとほぐれるが、鯉の身は引き締まり歯ごたえがある。鱗《うろこ》がまた美味なのだ。鱗が得意な人はいないだろうが、私も苦手。だが鱗にさえも甘さとしょっぱさが染みていて、つまみの一品になる。白米……、いやお酒が欲しい。また「美酒佳肴」を口に含ませる。甘じょっぱい鯉の風味がすっきりとした酒で違う味へと変化した。

こうして夕食に舌鼓を打つ頃には、到着した時の緊張感は解けている。全てのスタッフの目配りが実によい。出すぎず、離れすぎず、お客と適度な距離でいてくれるのが心地いい。奥ゆかしい笑顔がさらにいい。だから滞在中に不快な思いは一切しない、それが「向瀧」。

かくもハイレベルな接客を実現しているのは、平田社長の宿の主としての姿勢による。

平田社長はお客さんが滞在中はいつも「向瀧」にいる。つぶさに館内を見て回り、時に大工仕事までこなす。ドローンを飛ばし、屋根の状態を把握する。「向瀧」に倒れてきそうな巨木の伐採もする。「向瀧」冬の名物「雪見ろうそく」は、110本ものろうそくの火を平田社長がつけて回る。毎晩温泉にも浸かり、温泉の様子も肌で感じて、その上でお客さんに提供する。平田社長を「向瀧の守り人」と呼んだことがあるが、やはり〝宿は人なり〟なのである。

（2021年12月掲載）

関東の秘境で湧く名湯・炭酸泉 入って、飲んで、料理して……

（福島県・奥会津の温泉）

東京に雪が舞った日、私は福島県奥会津に向けて出かけた。片道4時間ほどかけてようやく到着する関東の秘境だ。

郡山には新幹線で快適に到着したが、郡山から会津若松に向かう磐越西線《ばんえつさいせん》が強風のため運休。郡山《こおりやま》駅で時間をつぶすことにした。

駅のフードコートでさっぱりとした喜多方《きたかた》ラーメンを食べてから、甘いものが欲しくなり福島銘菓を探した。郡山のソウルフード「クリームボックス」なるものを知る。ミルクを練り込んだ厚切りでふわふわの食パンの上に、2〜3ミリほどの厚い練乳たっぷりのミルククリームが塗られている。酸味も効いた素朴な甘さに、給食で出てきそうな懐かしさが込み上げる。デザートにも、間食にも適している。

「クリームボックス」に出会えたことで、待ち時間が嬉しいものへと変わった。「カフェオレボックス」もあるらしく、次に食べてみよう。

　結局、磐越西線は運行再開の目途が立たず、バスで会津若松に向かうことにした。ようやく会津若松に着くと、この日お世話になる、馴染みの「玉梨《たまなし》温泉　恵比寿《えびす》屋《や》旅館」ご主人・坂内譲《ばんないゆずる》さんが迎えにきてくださっていた。久しぶりの再会に会話も弾み、高齢化を迎える奥会津の金山《かねやま》町の話や、秘湯を守る宿の存続など、宿経営のリアルな事情を聞かせてくださった。

　予定よりずいぶん遅くなってから奥会津に入ったが、ちょうど只見《ただみ》線が走る時刻と重なった。只見線は台湾や香港からの観光客がそれを目当てにやってくる、話題のローカル線だ。その只見線の列車に遭遇できたことを喜ぶ私を見て、譲さんは並走するように車を運転してくれた。

　第一鉄橋を望む高台から山々と雪景色が見渡せた。ふれあい広場では、只見線の列車がやってくるのを一目見ようと、台湾からの観光客が大挙して詰めかけていた。関東の秘境にも、外国人がたくさん来ていた。奥会津に温泉街はないが、個性溢れる湯が点在する。なかでも金山町は、希少価値の高い炭酸泉の宝庫である。

金山町には「炭酸場《たんさんば》」がある。町の人に古くから親しまれてきたこの井戸は、いま「大塩天然炭酸水保存会」が管理している。明治10年には「太陽水」と命名し、胃腸薬として瓶に詰めて販売していた。明治38年にはドイツに輸出していたという歴史もある。

炭酸場にある井戸を覗き込むと、4メートルほどの地下から湧き出る水と共に、絶え間なく泡が浮かび、「ぱちぱち」と泡が弾く音が響いていた。飲むと、口の中で強く弾ける。「しゅわしゅわっ」と音が聞こえてきそうだ。

その後、近くの共同湯に行くと、地元のおばあちゃんが自慢そうに話してくれた。「炭酸場の水を料理にも使うのね。特に、天ぷらを作る時は小麦粉に炭酸場で汲んだ水を混ぜると、料亭の味になるんだよ」

そうそう。私も炭酸泉で揚げた天ぷらの衣の軽さを体験したことがあるが、嚙みしめた時の音でわかる。サク、サク、サクと衣が割れる音が軽快なのだ。

「恵比寿屋旅館」でも貸切風呂で炭酸泉に入ることができる。肌に気泡がつき、しばらくすると、全身に気泡がまとわりつく。手で泡を払っても、瞬く間に泡がつく。

泡をつけては払い、それを繰り返して遊んだが、正しい入浴法は実は違う。炭酸泉は熱を加えるとその効果が減ってしまうので、基本的には人肌ほどのぬるさだ。ここにじっくり入ることで、血行促進効果が発揮される。ぬるい湯に目を閉じて、瞑想するがごとくお湯を愉しむのが効果的だ。この夜、布団に入ると足の爪先がずっと温かかった。

翌日は仕事があり、早朝に「恵比寿屋旅館」を後にした。「朝ごはんの代わりに」と持たせてくれたのが、譲さんお手製のおにぎりだ。おにぎりの湯気が袋の外にも立ち上ってきそうなほど熱を帯びており、カバンに入れたらそばにあった資料まで温まっていた。

会津田島駅から鬼怒川《きぬがわ》温泉駅まで向かう列車の車窓から外を見ると、辺り一面銀世界。その上に、さらに雪が降り積もる。

そんな景色を眺めながら、おにぎりを手にすると、ずっしりとした重み。大きな手で、お米をぎゅうぎゅうに握ったのだろう。表面にはごま塩がふってあり、その上に海苔。真ん中には梅干しが入っていた。ありがとう、譲さん。

（2019年7月掲載）

北陸・信越

香り高い〝ふきのとうポタージュ〟
「雪國の宿 高半」

（新潟県・越後湯沢温泉）

昨年（2022年）末に出版した『女将は見た 温泉旅館の表と裏』（文春文庫）は「女将という職業・人となりを知るきっかけになった」という感想を多く頂いた。そこでいま取材を進めているのは「温泉女将の仕事術」。もてなしの秘訣やクレーマーへの対処、人材不足の中での雇用の秘訣や立ち居振る舞いといったたしなみを聞かせてもらっている。

その取材で新潟県越後湯沢温泉「雪國の宿 高半《たかはん》」大女将の高橋《たかはし》はるみさんを頼り、出かけた。

「高半」は、川端康成が小説『雪国』を書いた宿であり、現在も川端が執筆した部屋「かすみの間」が残る。昭和32年（1957年）に公開された映画『雪国』の撮影の時も、主演の岸惠子や池部良、八千草薫らが滞在しており、はるみ女将はそうした銀幕のスターが宿で見せた知られざるエピソードもたくさんお持ちだ。

はるみ女将は、新潟県最古の企業と言われる「高半」のお嬢さんとして生まれた。36代目を受け継ぎ、「新潟女将の会」の会長を3期務めるなど、越後の女将の顔であり、いつお会いしても十日町紬や塩沢紬を品よく着こなしている。

ひとりで「高半」に泊まる時は、「寂しいでしょう」と一緒に夕食を摂ってくれ、話し相手になってくださる。

夕食の前菜に「魚沼産塩漬けわらび　くるみ浸し」「くるみ巻き」「ぜんまい煮」が並んでいた。「魚沼産塩漬けわらび」はさっぱりとした味。直径5センチほどの「くるみ巻き」は、その名の通りにご飯の中にくるみを入れて巻いてある。こりっとした食感に始まり、口に香ばしさが広がる。越後生まれの私には馴染みの味だが、初めての人は巻物にくるみが入っていることに驚くだろう。しかし一度味わえば、くるみのない太巻きが考えられなくなるほど、そのくるみパンチに魅了される。魚沼地方の人たちは良質なたんぱく源としてくるみを食べる習慣がある。

「ぜんまい煮」は、野太いぜんまいを身欠き鰊で炊いていて、鰊の脂がテリと深いコクを出している。子供の頃は、おばあちゃんが作ってくれたのに「年寄りのおかず」と嫌ったが、滋味がわかる年齢になった今では大好物。淡麗辛口の新潟の酒が一層おいしくなる。

はるみ女将が昨年のＧｏＴｏトラベルキャンペーン時に「高半」が賑わった様子を話し始めた。コロナ禍で、宿泊産業の動向をスケッチするように原稿を書いていた私にとって最も聞きたい話であったが……、その話をさえぎり、「おいしい！」と声を上げてしまったのが「ふきのとうポタージュ」。口に含むとふきのとうの苦味がぶわぁんと襲い、身体中を春の風が吹き抜けた。とろけるようなポタージュが喉を潤す。一気に飲むのがもったいなく、目をつむり集中して味わう。

「お喋りはいいから先に召し上がって。板長が喜ぶわ」とはるみ女将がにっこり。「お皿を舐めたくなっちゃう」と呟くと、「どうぞ」と返されて、赤面してしまった。

雪国の遅い春がやってくるこの時期には、山菜を目当てに旅館に泊まることが多いが、山菜の苦味がこれほど鮮明な記憶として刻まれたのは初めてかもしれない。

今も、ふきのとうの苦味が喉の奥から湧きたってくる。

単純温泉が多い越後湯沢の中でも、「高半」は自家源泉を持ち、ふんわりと硫黄の香りがする。川端康成も妻への書簡に「石鹸の泡立ちも悪くなく、よく温まり神経痛に効く」等と特徴をしたためている。大浴場からは萌える緑を眺められ、湯量豊富なその湯に私は悦に入った。

「高半」は幼少の頃に家族旅行で泊まったことがあり、玄関前で撮った記念写真が実家には残っている。私にとって特別な旅館だし、思えば私が最初に「女将」という存在を意識したのもはるみ女将だったかもしれない。

取材から東京の自宅に戻ると、はるみ女将からお手紙が届いていた。私を温かく見守ってくださっていたことが綴られてあった。はるみ女将は「女将の仕事術と言ってもね、お客様に何かをしてあげたい気持ちが強いから、考えるより、先に身体が動いてしまうの」とおっしゃっていたが、このお手紙もそうなのだろう。はるみ女将には越後の女性特有の情の深さもある。

お手本となる女性が故郷にいてくれることの幸せを嚙みしめている。

（2021年7月掲載）

おいしい温泉とまずい温泉

（新潟県・越後長野温泉と月岡温泉、山梨県・下部温泉）

温泉を味わったことがありますか——。

おいしい温泉とまずい温泉とそこそこな温泉があるなかで、酸《す》っぱい、辛い、苦い、甘いと、舌に訴えかけてくるのが温泉というもの。それぞれの温泉に含まれるミネラルが奏でるハーモニーゆえ、ひとつとして同じ味はない。

温泉を味わい続けて、はや20年以上。愛飲してきた私が、最もおいしいと思っているのが新潟県越後長野温泉「嵐渓荘《らんけいそう》」の源泉だ。

口に含むと、とろりとしている。両頬に湯をやると旨みが広がり、舌の上で転がすと、じんわりと染み入る昆布茶風味。

ナトリウム塩化物冷鉱泉という泉質が味の由来。ねっとりするのはナトリウムの濃さゆえだろう。旨みはミネラルが絶妙なバランスでミックスされているからであり、総合的に〝昆布茶〟に仕上がったのだ。

「嵐渓荘」の朝食で出される温泉粥がまた旨い。温泉のみで炊く粥で、塩加減がいい塩梅で、漬物などなくとも、箸が進む。湯を煮詰めると塩ができるから、近くの定食屋ではこの塩を使った山塩ラーメンもいただける。

もちろん、「嵐渓荘」に宿泊して、のんびりと入浴すれば、肌に優しい湯だとわかる。湯治場として地元の人に愛されるこの湯は、皮膚病、切り傷、冷え性、婦人病など、病気の回復にいいと評判で、薬として販売していた時期もあるほどだ。

飲み慣れた湯の味というのもある。

温泉ミネラルウォーターとして毎日飲んでいるのは山梨県下部《しもべ》温泉「源泉舘《げんせんかん》」の「天然鉱泉水 信玄」だ。目覚めに1杯、ちょこちょこ2～3杯、自宅にいる日などは一日中いただいているが、とにかく喉ごしがいい。

これも単純温泉という泉質で説明がつく。単純温泉とはバランスよくミネラルが入っていて、飲泉でそれらを摂取できるから、別名〝飲む野菜〟とも言われているほどで、多くの人に飲まれてきた。

それゆえ、温泉ミネラルウォーターも数多あり、私は何度か浮気したことがあるが、結局「信玄」に戻ってくるのだ。他のものはミネラルが強すぎるのか、理由はわからないが、喉にひっかかる。嚙みしめたくなる味ではあるが、「信玄」のようにぐびぐびと飲むことができないからだ。

単純温泉も、飲んで良し、入って良し。特定の成分が強すぎないこともあり、子供からお年寄りまで安心して入ることができる〝家族の湯〟として愛されている。「信玄」のもととなる下部温泉「古湯坊 源泉館」の湯も、もちろんいいに決まっている。

武田信玄が川中島の戦いで負った傷を癒した湯として知られ、実際、信玄は「源泉館」の岩風呂に入ったと伝えられる。いまでも旅館棟と湯治棟があり、大勢の湯治客がいる。34度のぬるい湯にじっくり浸かるのが「源泉館」の入浴方法だ。

さて、湯の旨さを書き連ねてきたが、最近、〝日本一まずい温泉〟として認知度を上げているのが新潟県月岡《つきおか》温泉。

月岡温泉街にある飲泉所で温泉を飲んでみると、確かに、苦みとえぐみ、酸味が口内に広がるが、最後にはふわっとした甘味がした。まずいと思う人が大多数なのかもしれないが、個人的には、まずいというより、一度飲んだら忘れられない強烈な味という感じ。

このまずさにも理由がある。

硫黄泉がまずいことはよく知られた話で、月岡温泉が特筆すべきまずさなのは、硫黄含有量がことのほか多いためだ。一方でこの硫黄成分は、温泉に含まれる成分の中でも極めて血管拡張作用が高く、さらに皮脂や角質を洗い流す美肌のもとでもある。入浴後はつるんと一皮剝けるようだ。

月岡温泉は2014年に開湯100年を迎え、いま地元の若手が町づくりに力を入れており、〝プレミアムな新潟〟を体験できる店舗が4つある。新潟の酒蔵の逸品が全て揃い、500円で3杯試飲ができる新潟地酒「蔵 KURA」。新潟米菓「田DEN」では手焼きせんべいを作ることができ、新潟地物「旨 UMAMI」では、ご飯を片手に漬物を味わえる。新潟飲物「香 KAORI」ではワインや雪室《ゆきむろ》珈琲を試せる。

まずい湯のあとは、新潟の美食で舌を喜ばせてください。

（2018年7月掲載）

温泉で炊く「A級グルメ」ご飯
「HATAGO井仙」

（新潟県・越後湯沢温泉）

このところすこぶる機嫌がいい。それは満足ゆくご飯ライフを送れているからだ。気分もいいし、新春号だし、私のこの絶好調のヒミツをご披露しよう。夏は酷かった。満足ゆく米が手に入らずに、炊き込みご飯でごまかしていた。何をしても気持ちが乗らないのは、更年期がやってきたのかと己を諦めたが、そうではなかった。

米だ。ご飯だった。

新米の出現でそれがわかった。新潟県田《た》上《がみ》町で特別栽培米を竹パウダーを使って育てた「竹米《たけまい》」1キロ。新潟県産「新之助」5キロ。「山古《やまこ》志《し》産コシヒカリ」5キロ。これらを相次いで食していくと調子が戻っていった。炊飯器も新しくして、毎日おいしいご飯をいただいている。

実家に帰った時のことだ。朝食用にと炊飯器で保温にしておいたご飯が「深夜になくなった」と母が嘆いたが、犯人は私。

「夜にご飯がなくなるから、もう保温にはしておかない」と鬼の形相の母だが、一方で「太らない？　病気にならない？」と心配そうでもある。

実は父方、母方とも新潟の生まれ育ちのくせにアルコールに弱い。私も弱い。それでも日本酒なら少しだけいけるのは、米が原材料だからだと思う。なにより酒のアテが好きで、ご飯にあうのだ。アテとなら白米を丼3杯は軽くいけます。

そもそも米は見栄えがいい。純白で無垢で美しい。見た目の白さだけでなく、どんな惣菜にもあわせられるという意味で無垢さが際立つ。ワインのおつまみの定番であるチーズやハムだって、米はあわせてくる。なんにだってあわせてくれる健気《けなげ》さに愛しさも増す。

あぁ……、米よ、愛が止まりません。

さて、私の大喰いエピソードは米の産地で生まれることが多い。素晴らしい白米ができる場所は水もおいしい。そう、どんなにおいしい米を最高の状態で炊いたとしても、産地でいただくことには叶わない。米が育った土地の水で炊くのが、最もご飯をおいしくする条件だと私は信じて疑わない。

忘れられない味がある。旅館の夕食に間に合わず、20時過ぎにチェックインした時の夜食だ。越後湯沢駅前に建つ温泉宿「HATAGO井仙《いせん》」でのこと。やわらかなお湯に浸かり、ほっとした21時過ぎに、籠に入った数種類の惣菜と御《お》櫃《ひつ》が部屋に運ばれてきた。惣菜はぜんまいの煮つけやきのこを簡単に炒めたものに、車麩《くるまふ》の煮つけもあった。実家の食卓に並ぶような郷土料理であり、いわばおばあちゃんの味。色彩も茶色中心で写真映えはしないが、最高にご飯にあう。御櫃に入ったご飯を15分ほどでたいらげた。止まらない箸には、我ながら驚いたのをよく覚えている。

旧知の仲である「井仙」の井口智裕《いぐちともひろ》社長がおいしさのわけを教えてくれた。まずお米は、南魚沼市塩沢地区にある宮田農産業に毎年、契約栽培をお願いしているそうだ。「ここは米作りだけでなく、米の品質管理にこだわった農家さんです」。ご飯を炊く水を尋ねてみると、なんと越後湯沢温泉の弱アルカリ性のお湯！

「アルカリ性の水は米の周りを囲っている膜を剝がす役割と、中から出る旨味を引き出す作用があるのでおいしさを引き立たせます」

井口さんは、観光業における地域連携の試みで全国的に注目されており、業界ではかなり知られた方だ。「雪国食文化研究所」代表として、雪国で採れた食材を雪国伝統の調理法で作る「雪国A級グルメ」を提唱している。まさに夜食でいただいた〝おばあちゃんの味〟。これこそ雪国ではA級なのだ。米の産地で食べ継がれてきた惣菜がご飯を巧みに演出してくれる。

宿泊せずとも、「井仙」の食事処である「魚沼キュイジーヌ料理　むらんごっつぉ」でも楽しめる。1階は越後の食材が並ぶショップ「んまや」の脇に「温泉珈琲水屋《みずや》」というカフェが併設されていて、口の中で溶けてしまう「湯澤るうろ」が名物。

ちなみに米の産地では非火山性の温泉が湧くことが多く、名水も湧いている。名水あるところには優しい温泉が多い。満腹でも湯あたりしないので、安心して、たっぷり召し上がれ。

（2020年1月掲載）

花火を新潟の温泉で例えてみたら……

(新潟県の温泉)

新潟県長岡市で生まれ育ち、長岡花火を見て育った私は、梅雨に入る頃からそわそわし始める。何をしても心はそぞろで鼻孔がうずく。風にのって届く火薬の匂いを思い出すのだ。

今年（2018年）も花火のシーズンが始まるし、温泉と花火をかけ合わせてみようと思いつく。温泉や旅館や女将は日本の文化、丸く開く花火は世界に比類のない日本の技。海外では花火はあっても仕掛け花火が主流のため、火薬玉を打ち上げて、玉が割れて、空で綺麗に丸く開く花火は日本のお家芸なのだ。

さらに新潟県は144もの温泉地を有し、全国第3位の「温泉天国」であるから、新潟の温泉をあてはめてみよう。

花火も温泉の泉質のように型に種類がある。最もポピュラーなのは2種類。中心から外側に、光の尾を残しながら広がる「菊」。まるで菊の花のような形をしているからこの名がついた。もうひとつは、光の尾を引かず、光の点が中心から外に広がる「牡丹」だ。その名の通り、花の牡丹に似ている。

温泉で言うと、日本で最も多い泉質で、無色透明、ほぼ匂いもなく、ミネラルがバランス良く入った単純温泉がベーシックな「菊」と「牡丹」だろう。越後《えちご》湯沢《ゆざわ》温泉、六日町《むいかまち》温泉、大湯《おおゆ》温泉、弥彦《やひこ》温泉などなど。

花火には、キティちゃんやニコニコマークのように、花火玉が夜空に開いた時に、形が浮かび上がる「型物《かたもの》」というジャンルがある。花火玉は正面で見て初めて正確な形が確認できる。だから正面から外れたら、斜めのキティちゃんが見えるわけだ。多くの光を浴びる花火とは違って、じっくりと静かに鑑賞するのが特徴か。寺泊《てらどまり》温泉、寺宝《じほう》温泉などの炭酸泉といったところだろう。炭酸泉はぬる湯が多い。長く身を浸すと、身体中にあぶくが付いてじんわりと温まる。

ちなみに「スターマイン」というのは、これら花火玉の連打のことをいう。この

「スターマイン」の最後に打ち上げられ、柳のように光が垂れ下がっていく花火を「冠《かむろ》」という。光の連打の余韻を残す花火であり、そういった意味では、入浴後もずっとぽかぽかが続く塩化物泉だろう。代表的なのは瀬波《せなみ》温泉や鵜《う》の浜《はま》温泉。

仕掛け花火もひとつ入れよう。長岡花火の名物のひとつでもある「ナイアガラの滝」は、日本一の大河・信濃川に架かる橋の欄干に火薬を仕掛け、点火することで、川へ流れ落ちる花火で、光の滝は圧巻。

温泉に例えるならば、硫黄泉。匂いが強烈で、入浴した時の熱が圧倒的な勢いで身体に入ってくる。例えば妙高方面の名湯の燕《つばめ》温泉辺りか。

日本の技と心の「花火と温泉」は日本人の誇りという点では共通しているが、もちろん違いもある。花火は絢爛《けんらん》に咲き、一瞬にして消える。温泉は入浴した時の刺激に留まらず、身体の芯で効果が続く。

さて、花火会場では何を食べようか。

私は屋台で買うことはしない。ましてお弁当も食べない。花火大会が行われる地元のスーパーに行くのだ。すると、たいがい、花火商戦となる鶏の唐揚げ、焼きそば、枝豆、とうもろこし、おにぎりなどが店頭で売られている。だが、それらで満足してはいけない。もっとおすすめの食べ物があるのだ。

もし長岡花火にお越しなら、市民の胃袋を支えるスーパー「原信《はらしん》ナルス」を訪ねて欲しい。冷蔵コーナーには「えご」という海藻を煮詰めたものがある。酢味噌でいただくから、喉ごしが良くさっぱりとしていて、暑い日にはたまらない。あとは茄子漬。長岡では完全に漬けたものより、朝採れた新鮮な茄子を夕方食べる。皮はよく漬かっているが、中身は生々しい浅漬けの状態で旨い。

最も手にして欲しいのは長岡赤飯だ。お祝い事に欠かせない赤飯は「紅白」を意味する華やぎある色彩だが、長岡赤飯は薄い茶色。それは醤油で炊いたおこわのようなものだからだ。その上に金時豆がのっていて、ごま塩をかけて食べるのが地元流。醤油おこわになったルーツは定かではないが、長岡の摂田屋《せったや》という醸造の町で醤油づくりが盛んだったことも理由のようだ。お世話になった方にお贈りすると「癖になる味」とよく言われる。

今年行くことを予定している花火大会でも、まずは地元スーパーで買い出しをして、花火を見上げよう。そして温泉を想うのだ。

（2018年8月掲載）

湯治する大豆〝ラジウム納豆〟
「自在館」

（新潟県・栃尾又温泉）

「いい加減、おれたちで商売すんないゃ」

いつも父は苦笑いしながら私を見る。

しかし紛れもない事実であるから、私は語らずにはいられない。許せ、父上。

上越新幹線浦佐《うらさ》駅から車で30分ほどの新潟県魚沼《うおぬま》市に栃尾《とちお》又《また》温泉がある。今でも素朴な雰囲気を残す旅館が3軒のみの山峡のいで湯。開湯1300年と新潟県最古の湯と伝えられ、子宝の湯として名高く、薬師堂と子持杉と夫婦欅《めおとけやき》がある。

子供に恵まれなかった両親は長岡の自宅から1時間ほど車を走らせて栃尾又に通った。お薬師様に手を合わせて祈り、子持杉をまたぎ、夫婦欅をくぐり、仲良く一緒に湯に浸かり、そして私が授かったのだと、幼少の頃から聞かされて育った。

そうしたご縁もあるのだろう。栃尾又の湯との相性はばっちりだ。共同浴場「したの湯」の源泉温度は約36度。ぬる湯にじっくりと入るのが栃尾又ならではで、足を浸けると冷たい。どうしようと迷いつつ、時間をかけてゆっくりと身体を慣らしていく。

最後は「えいや！」と、気合でとぷん。全身に震えがくる。鳥肌が立つ。それでも入り続ける。肌が慣れてきたのか、気持ちも落ち着いてくる。目をつむると、静けさが広がっている。

するといきなりその時がやってきた。

身体が溶けだすような、ほどけるような、とろけるような、温泉と身体が一体化した瞬間だ。

もよよよ〜〜〜ん。

温泉のなかでゆらゆらと、全身が浮遊しているようだ。

ここまでくるのに、入浴から20分の人もいれば、30分以上かかる人もいるが、寒かろうが、冷たかろうが、温泉と一体化できる、その到着点を待つことだ。

気づけば、肌に気泡が付いていた。払い落とすとしゅわしゅわっとした。気泡が付くのは新鮮な温泉の証である。

栃尾又はラジウム泉で知られるのだが、こうした自然界の微量なラジウムは身体を整える効果があるとされ、江戸時代より湯治場として栄えてきた。ぬるい湯にじっくり浸かることで、基礎代謝が上がるのだろう。そういえば、母は冷え性だから、ここで温まったに違いない。

湯治しているのは、人間だけではない。大豆もだ。

今では温泉名物となっている「ラジウム納豆」は湯治の果ての産物なのである。魚沼市の大力《だいりき》納豆の社長が、栃尾又温泉「自在館《じざいかん》」に湯治に来たことがきっかけだった。帰りに「自在館」の主がお土産にと、温泉の湯を持たせてくれた。これを納豆に使えないかと試行錯誤が始まり、「ラジウム納豆」の誕生と商品化に至る。

今では週に3回ほど、「自在館」の主が納豆工場へ温泉を運び、春なら18時間、冬なら20時間、新潟県内産の大豆を温泉に漬けてやわらかくする。その後、発酵させて納豆に。「自在館」に宿泊すると、朝食に「ラジウム納豆」が出る。

パッケージを開けると、あまり匂いが強くない。まるで大豆をそのまま食べているような感覚だ。大粒だから、余計に大豆のうまみを堪能できるような納豆だ。ねばねばが強く、味はまろやか。こうした特徴は、水ではなく栃尾又温泉に漬けたからだそうだ。

「ラジウム納豆」のパックは30グラムと少量だが、朝食で食べ切るのにはちょうどいい。お土産に持ち帰ることもできる。納豆好きで、ほぼ毎日食す私も「ラジウム納豆」特有の粘りとまろやかさを時折思い出す。

大豆も、もよよよ〜〜〜んと、温泉と一体になったのだろうか。

県内で屈指の豪雪地帯である魚沼では、これからの季節は山が笑う――。雪国で生まれ育った私は、生活にのしかかる鉛色の冬空と日本海沿い特有の重たい雪が消えて、遅い春がやってくるのが見える。身も心も軽く、ハミングしながら、スキップを踏む。風景も人も軽やかな季節が訪れる。

ちょうど今くらい、栃尾又温泉には一年で最も美しい、遅い春の風景がある。

（2017年6月掲載）

〝悪魔の湯治豚〟と山菜で旅に想いを馳せる「ひなの宿 ちとせ」

(新潟県・松之山温泉)

数日後には県をまたいでの移動も可能になるタイミングで、この原稿を書いている。コロナの感染者数は日々減ってきており、「第2波が来なければ」という条件付きで、新規の講演やセミナー講師の依頼が来るようになった。

ステイホーム期間中は、よく食べた。正直、食べることしか楽しみがなかった。もともと料理は好きだったが、この期間で免疫力を高めるバランスのいい食事を作る習慣がついたのは、大きな収穫だ。

新鮮な緑黄色野菜を家で栽培しようと試みた。購入した豆苗《とうみょう》を食べた後、残った根を水に入れて、太陽に当てる程度である。すくすく成長する豆苗に毎日「育ってね」と話しかけていた私は、人恋しかったのかもしれない。まるでジャングルかと見まがうばかりに茂った豆苗を収穫して食べたが、硬くてまずかった。

温泉に入ることなく時が過ぎてゆき、身体が温泉を求めてやまなくなったのは、ゴールデンウイークの頃。

そこで、日本三大薬湯のひとつで知られる松之山《まつのやま》温泉の源泉10リットルが含まれる「松之山温泉コスメシリーズ 3日間集中ケアセット」を注文した。セットには、松之山温泉ミスト200グラムと80グラムが1本ずつ、松之山温泉フェイスマスク3枚、松之山温泉石けん1個、松之山温泉発泡入浴錠3個、松之山温泉リップクリーム1本、松之山産のお茶1袋、手ぬぐい1枚、「おまけ」として松之山温泉湯治玉子3個が入っていて、税込・送料込で9000円。相当お得である。

源泉10リットルには「本品は自然冷却した源泉をパック詰めにしたもので水等は一切入っておりません。ご家庭のお風呂でのご使用は1回に½から1パックをご使用ください」という説明文が付いていた。

松之山温泉は約1200万年前に、大地が隆起した際に閉じ込められた海水が源泉となっているので、お湯は塩っ辛い。家のお風呂に入れると、同じように濃厚で、身体をしっかり温めてくれた。目をつむれば、山深い松之山温泉の春の風景が浮かんできて、うっとりした。

クール便で松之山温泉の〝悪魔の湯治豚〟も頼んでいた。

湯治豚とは、新潟県十日町のブランド豚「妻有《つまり》ポーク」を真空パックし、松之山温泉の源泉の温泉熱で2時間ほど低温真空調理したもの。説明書には、「63℃でタンパク質の凝固が始まり、68℃で水分分離が始まるお肉の特性を活用した科学的な調理法です」と表記されている。醬油をベースに、かぐら南蛮塩麴を混ぜた甘辛の黒いタレに漬け込んである。

湯治豚を切ると、肉は綺麗な桜色をしていて、脂身は真っ白。そこにドロッとした黒いタレをかけると、妙な背徳感が湧いてきた。

肉はとてもやわらかい。甘辛いタレで脂身が食べやすくなった。タレと脂のハーモニーが病みつきになって、ただただ肉を食べ進めてしまう。食べる手が止まらない。これぞ悪魔のおいしさだ――。

クール便にはコゴミ、ウド、アケビの新芽と書かれた袋も入っていた。湿らせた紙ナプキンに山菜が包まれていて、松之山の空気までも届けられた。

コゴミとウドは天ぷらにした。

アケビの新芽はたっぷりとお湯を沸かして、さっと湯がく。色が変わったらすぐにあげて、生卵の黄身を上にのせ、醬油を2、3滴垂らした。アケビの新芽はこの時期に新潟県中越地方でよく食する。

ウドもコゴミもアケビの新芽も苦く、その苦さは生命力そのものだった。そして私の停滞していた毎日を刺激してくれた。

旅をすることが日常だったはずが、家に閉じこもり意気消沈していた私にふるさとの香りを届けてくれた松之山温泉「ひなの宿　ちとせ」ご主人の柳一成《やなぎかずなり》さん、女将の明美《あけみ》さんに感謝を申し上げたい。

ちなみに「ちとせ」は朝ごはんブームの火付け役となった宿である。今でこそ宿の朝ごはんはテレビ番組でも特集されるほど注目されているが、もともとは15年ほど前に「ちとせ」が朝ごはんプロジェクトを立ち上げ、新潟県全体で展開し、それが全国に波及したのだ。ご飯が進む朝採りナメコや特製味噌で焼いたキノコといった一品を出すのが「ちとせ」流。泊まると、旅館の朝が好きになる。

（2020年8月掲載）

関東

アワビが〝ダンシング〟する郷土料理「是空―ZEKUU―」

（千葉県・房総鴨川温泉）

大学生の時にイギリスに短期留学した。ほんの3週間だったが、世界中から集まる学生と寮生活を送った。

なかでも明るく陽気なイタリア人とは気が合った。その後もエアメール交換が続き、数年後、イタリア人の友人が日本を訪ねてくれた。独り暮らしをしていた私のマンションでふるまったのはお好み焼き。一緒に焼いて楽しもうと思ったのだ。

焼きあがったお好み焼きにかつおぶしを振りかけると、鉄板の熱気にあおられて、かつおぶしがひらひらと動いた。日本人ならお馴染みの光景だが、イタリア人の友人は初めて見たのだろう、とても興味深そうに見つめ、身体を揺らしながら「ダンシング」と言って踊り始めた。これを〝踊る〟と表現するのは、陽気なイタリア人ならではで、ラテン気質の私はすぐに打ちとけたんだなと思ったのを記憶している。あれから20年以上の時を経て、食べ物が踊る姿を「房総鴨川温泉《ぼうそうかもがわ》 是空《ぜくう》」で見た。「是空」は千葉県太海浜《ふとみはま》の断崖に建ち、客室、露天風呂、食事処、どこからでも海を眺められる。

食べ物が踊る料理は、その名も「あわびの踊焼き」。場所は目の前に海が広がる食事処のテーブルの上。ひとり用の鉄板にのった巨大アワビがいた。

仲居さんが「火を付けていいですか」と聞いてきて、「はい」と答える。「蓋をしておきますね」と仲居さんが言ったが、私はなかの様子が気になって仕方がない。開けてはいけない扉を開ける心持ちで、そおっと覗いた。

アワビがうごめいていた。ゴム毬《まり》が跳ねるかのようだ。ぼよんぼよんと飛び跳ねて、そのまま海に飛び込んでしまいそうな激しい動きだった。きっとこの様子をイタリア人の友人が見れば、「ダンシング」と言うに違いない、そして踊り出すだろう。

アワビは苦しんでいるのかもしれない。熱いのかもしれない。そう思うと見ていられなくなり、私は蓋を閉じた。

しばらくしてから仲居さんがやってきて「そろそろ、どうぞ」と私に言いながら、もう静かになったアワビを皿にのせてくれた。ナイフで切れ目を入れると、その弾力に驚く。口に入れると、潮風のような塩味がした。やわらかい。嚙めば嚙むほど味が出る。

食事の〆のご飯に出てきたのが「まご茶づけ」。千葉の郷土料理だ。

鰹出汁と一緒に、地魚のなめろうと鴨川産米がお盆にのってきた。なめろうは、あじ、まぐろ、かつおの刺身をたたいて生姜醬油に漬け込んだもの。茶づけというから、ご飯にのせて出汁をかけるのだと容易に想像はつくが、なめろうを一口、これだけでいただく。新鮮なのだろう、嚙むと弾力があり、味が染みたなめろうがおいしくて止まらなくなり、半分ほど食べてしまった。残りの半分を白米にのせ、大葉と細かく刻んだ海苔を入れて出汁をかける。もともと漁師料理らしいが、素早く、おいしく、土地の風を感じられる。これこそが郷土料理というものだ。

目の前の海が、食材が眠る巨大な倉庫に見えた。おいしい倉庫を前にして、私はことのほか幸せだ。

「是空」には、宿泊棟の横に3つの貸切風呂専用の棟がある。

貸切風呂の湯に浸かると、ざわ〜っという潮の音と風の音が聞こえてくる。入浴したのは夕食前の夕暮れ時。刻々と空が暮れてゆく。その空の変化を、潮風を受けながら眺めていた。

しょっぱい温泉は身体を温めてくれた。

もしここにイタリア人の友人がいて、この温泉に浸かったら、なんと表現するだろう。

海外は温泉といってもプールに湯が注がれているのが一般的で、水着をつけて入る。ぬるい湯で泳いだり、遊んだりで、日本人のように湯にじっくり浸かることに重きを置かない。まして海を目の前にした露天風呂なんてありゃしない。イタリア人なら、やはり裸のまま踊り出すだろうか。

あの頃は温泉の道を歩んでいなかった。今なら外国人の友人を選りすぐりの温泉に連れていける。

（2018年9月掲載）

秘湯の一軒宿で山菜の青い匂いを愉しむ
「美郷館」

（群馬県・たんげ温泉）

跡見《あとみ》学園女子大学での初年度の講師の仕事を終えた。私が担当した「温泉と保養」の講義には１５５人の履修生がいて、全員3年生だったから、それだけの人数の20歳ほどのお嬢さんに、毎週、囲まれていたことになる。

木曜3限に２７４０号室に入る。階段教室ではないものの、教壇に立てば一番奥の席が遠くに見えるくらいの広さ。最大１７０人収容の教室だったから、授業開始の頃になると席はびっしりと埋まった。

授業の準備のために早めに教室に行くと、学生さんはお昼ごはんを食べていて、カップ麺やら味噌汁やらが混じった匂いが鼻をついた。でも、授業が始まってしばらくすると空気は一変した。

少し甘ったるくもあるが、酸っぱさも混じった、若葉のような初々しい匂いがしてきた。跡見の学生さんはあまり化粧をしないようで、人工的な香りは混じっておらず、私もこんな匂いを纏っていたことがあったなぁと記憶が甦ってくる、若い女性特有の匂いだった。

私は鼻が利《き》く。聡《さと》いという意味合いではなく、文字通り、とにかく香りにはめっぽう敏感で、匂いで人や事柄を記憶する癖がある。

２７４０号室で記憶した匂いは、どこかで嗅いだことがある匂いだ。どこだろう……。くんくんと思い出を辿る。

あそこだ！　群馬県たんげ温泉「美郷館《みさと》」――。

上野駅から特急草津号で約２時間、中之条駅で降りてローカルバスに乗り、四万温泉の少し奥に「美郷館」はある。ひと山全てを宿にしている、正真正銘の秘湯の一軒宿で、バスから降り立つと、木々の葉や土の匂いがしてくる。館内に入ると、ロビーは総欅造《そうけやきづく》り。直径39センチもある欅の木が中心の柱で、目に入ってくる全てが木材だから、木の力強さに圧倒される。

ロビーだけではなく、館内の至る所に木があしらわれている。これらの木によって館内の空気が浄化されているのか、室内にいてもどこか空気が清らかだ。ちょうど雪解けのいまくらいの季節になると、わたしは「美郷館」の春を思い出す。山菜が採れる頃は湯あみにとっても絶好の季節だからだ。

山菜は早いもので4月、最盛期は5月から6月ぐらい。この時期にコシアブラ、コゴミ、タラの芽、フキノトウ、モミジガサ、ワラビ、山ウド、アケビの芽、ノビル、ワサビなどが「美郷館」の裏山にうじゃうじゃ生える。

料理長がその日に裏山で採ってきた山菜が膳を賑わす。さっと湯がいただけでお浸しで出てくるものもあれば、ものによっては天ぷらで。

私はとりわけタラの芽とフキノトウの天ぷらが大好物だ。油に包まれた青い匂い。噛みしめた時に鼻に抜ける苦み。飲みこんだ後もなお残る青く苦い香り。就寝するまで、どこか香る山の恵みを満喫できる。

「美郷館」は湯も秀逸。最も気に入っているのはお風呂の数が多いことだ。18室の客室の規模で6か所もお風呂がある。

大きなガラス越しに滝を眺めながら入浴できる大浴場「滝見《たきみ》の湯」。木造りの内風呂「瀬音《せおと》の湯」は午前中に入ると、日が差し込み湯を照らす様子が神々しいほど。露天風呂は20人入れる広さだ。けれど最も「美郷館」らしいのが、2か所ある貸切露天風呂「宝泉《ほうせん》の湯」。

手が届きそうな距離に清流があり、水しぶきを目の当たりにしながら湯に浸かれる。山肌の緑の木漏れ日が湯を照らす。木々の緑と水の潤いに気持ちを委《ゆだ》ねていると、何時間でも過ごしていられる。泉質はカルシウム硫酸塩泉で、さほど湯あたりしないから、これもまた嬉しい。また含有されているカルシウムには心を安らげる効果があると言われている。なにより素晴らしいのは、露天風呂だから緑の匂いを存分に感じられることだ。そして湯は、ほんのり甘い匂いがする。

翌日、山菜が採れる豊かな山を歩くと、葉の緑の匂いが籠《こも》っている。

新芽の香り、清流の香り、湯の香り、これら全てが跡見の学生さんたちの匂いと、どこか似ている。これからの季節に「美郷館」を訪ねれば、２７４０号室で記憶した匂いに出合えるはずだ。

（２０１8年3月掲載）

いちごポッキー持参で都心の「化石海水」と「黒湯」を愉しもう

（東京都の温泉）

年をまたぐ東京の街角には、静けさがある。帰省する人たちや、旅に出かける人たちでもぬけの殻になるからだ。そんな新春の東京が好きで、私もこの年末年始（2019年）は東京にいようかと、あれこれ考えている。

さて、何しよう。やっぱり湯めぐりかなぁ。

あまり知られていないかもしれないが、東京は大温泉地帯だ。

後楽園にある「スパ　ラクーア」は、お風呂からも遊園地の夜景が眺められ、温浴施設以外にアトラクションやショッピングモールも楽しめる、都心ならではの温泉テーマパークだ。お台場の「大江戸温泉物語」（2021年閉館）や豊島園（2

020年閉園）の「庭の湯」もレジャーの要素が強く、都心のデートスポットとしてすっかり定着した。

桜の名所にも湯が湧く。豊島区駒込の「東京染井《そめい》温泉 Sakura」。その名の通り、染井地区はソメイヨシノの名所。桜吹雪を浴びながら温泉へと向かう道は、これまた風流。

これらは掘削技術が発達し、地下2000メートルまで深く掘れるようになったために湧き出した温泉だ。2014年に大手町で温泉を掘り当てたことがニュースになったが、これもその高度な技術の賜物。これらの温泉は塩分濃度の高いのが特徴だ。地球が隆起した時に地中に閉じ込められた海水で、通称「化石海水」と呼ばれる。

私の日常には温泉がある。なかなか旅に出かけられずにいると、こうした都心の温泉を愉しむことにしている。ふらりと、2〜3時間のプチ旅行に出かけるわけだが、その時にいつもポケットに入っているのがいちごポッキーだ。入浴前の空腹時にも、湯上りに小腹が空いた時などにもちょうどいい。いちごの爽やかな酸味と甘みは湯上りのまったりとした身体に効く。サクサクという軽快な音を響かせながら食べていると、スキップでもしたくなるように心が軽くなる。

湯めぐりの合間の食事として好んで食べるのがざる蕎麦一枚。満腹過ぎても、空腹過ぎても湯あたりの元になるために、エネルギー補給と水分には気を配る。ミネラルウォーターもよく飲むし、ビタミンCを摂取すると疲れにくいので、冬場はみかんを持参する。

東京の温泉でもうひとつ代表的なのは「黒湯」。主に大田区に湧き、特に蒲田駅周辺には立ち寄り入浴施設が多数ある。私は「改正湯《かいせい》」という銭湯が好きだが、やはりお湯は真っ黒。墨までとはいかないが、コーラほどの色あいで、手を5センチ浸けただけで見えなくなるほどの黒さ。けれど、湯から出ている胸元が真っ白く映るのは……、気のせいだろうか。

内風呂だから蒸気が立ち込め、もわ〜んとする。土のような、植物のような、独特な匂い。重曹を含んでいるため、肌の角質や皮脂を洗い流してくれる。

「黒湯」をもうひとつ。東京スカイツリーのお膝元にある銭湯「御谷湯《みこくゆ》」は、ビルの4階と5階が浴場で、週替わりで男女の湯が入れ替わる。半露天風呂からスカイツリーが見える。福祉型家族風呂というバリアフリータイプの貸切風呂も「御谷湯」のウリで、湯船には移乗台や回転いすが付いており、湯船の中には腰をかける板をセットでき、湯船の深さを調節できる。

ところで、「黒湯」の正体はなんだろう？

温泉業界で神と崇《あが》められる甘露寺泰雄《かんろじやすお》先生に聞いた。甘露寺先生は御年89歳。理学博士・技術士であり、温泉水を調べ、分析表を記す第一人者。この道一筋60年の温泉博士で、かつては脱衣所などに掲げられている分析表を作成する大元締めの中央温泉研究所の所長をされていた。

「黒湯はフミン酸（腐植物質）だよ。植物が微生物によって分解されて作られたもの。フミン酸はアルカリ成分で重曹タイプが多いから、入ると肌がつるつるすると評判になっていった」

ユーモアのある甘露寺先生は付け加えて、

「でも、黒くてどろどろした湯でしょ。気持ち悪がられていたものだけど、黒湯は人の肌を白く見せるからね。女性が美人に見えるって噂が広がったんだよ」

そういうことなのか。

よし、年初めは美人に見せる黒湯でいこう。

（2019年12月掲載）

名宰相が愛した一杯の蕎麦

（神奈川県・箱根温泉）

『週刊新潮』の「昭和の名宰相が愛した名湯」という原稿を書くために取材を続けている。

吉田茂、岸信介、池田勇人、田中角栄、福田赳夫、中曽根康弘といった歴代総理が温泉旅館で過ごしたエピソードはバラエティに富んでいる。多忙を極める宰相が家族と過ごした微笑ましい団欒《だんらん》の場であり、時には政治上の密談も行われた。それらの逸話が最も残っているのは箱根である。その取材過程で一杯の蕎麦と出合った。

箱根湯本駅から徒歩6〜7分、湯本橋のたもと、早川沿いに店を構える蕎麦屋「はつ花」は昭和9年創業。吉田茂や岸信介、中曽根康弘らがひいき筋だった。

「はつ花」のご主人・小宮《こみや》社長を尋ねると、一番記憶に残るのは昭和35〜36年に来ていた池田勇人だという。

「当時の著名な方は箱根に別荘を持たれていることが多くて、出前の方が多かったですね。池田さんにもよく出前していました」

池田勇人の別荘は仙石原《せんごくばら》にあった。箱根湯本から仙石原までは片道30〜40分、主にオートバイで届けていたという。

「ある日の早朝、池田さんの奥さまから『主人が会いたいと言っているから、来てちょうだい』と連絡がありまして、オートバイで仙石原に向かいました。すると、池田さんが門を出る時に、車の窓を開けて、『気に入っている蕎麦屋は東京にも2、3軒あるが、箱根では「はつ花」だ。また届けてくれ』とご本人から直接言って頂きました。奥さまからオールドパーを頂戴したこともあります」

誇らしげに、食器棚から封を開けていないオールドパーを出して見せてくれた。

「吉田茂さんにはいつも10人分くらいまとめて大磯《おおいそ》に届けましたし、作家でいうと谷崎潤一郎さんは湯河原温泉の旅館に届けました」と語る。

その蕎麦には、決まって自然薯《じねんじょ》が入っている。

「昭和20年代、30年代は、箱根の外輪山で天然の山芋が採れたんです。外輪山の芋は品格っていうのかな、粘りも強く、香りも豊かでした。それにこの頃は山に入って掘ってきてくれる人も、たくさんいたんです」

今はもう掘り手がいないそうで、「はつ花」で出される蕎麦には群馬で栽培された自然薯が使われている。

名宰相が食した外輪山の自然薯ではないものの、現在も多くのお客さんに親しまれているのが「自然薯蕎麦」だ。

すりおろした自然薯が蕎麦が見えないほどたっぷりかかり、その上に生卵の黄身と刻み海苔がのっている。混ぜ合わせると、メインは蕎麦か、自然薯かわからなくなるのが面白い。自然薯を絡めながら蕎麦をいただくと、喉ごしがいい。コクと旨みと優しい風味が印象的だ。

自然薯の効果は滋養であり回復力。食べた晩は、深夜になっても目が覚めていたのは、そのせいか。

私が食した自然薯よりも、もっと濃厚な味を求めてやまなかった昭和の怪物たち。底知れぬ旺盛な食欲こそが、政治家として大成した原動力なのだろうか。

実は、「はつ花」の蕎麦を愛した政治家はもう一人いる。終戦間近に箱根湯本温泉の「萬翠楼福住《ばんすいろうふくずみ》」の別荘に逗留していた近衛文麿だ。「はつ花」本店から歩いて1～2分のところに別荘はあった。別荘はその後、画家の平賀敬《ひらがけい》がアトリエ兼住居として使用し、いまは「平賀敬美術館」として開放している。ここの風呂にはかつて近衛文麿が入っており、現在は立ち寄り湯ができる（残念ながら、2018年8月に平賀敬美術館は閉館してしまった）。

古い木造建築の玄関を入り、廊下の左奥に風呂場がある。開けると、2つの湯船があり、真ん中で仕切られている。玄関に近い方はお付きの役人用で、立ち寄り入浴で使用できるのは近衛文麿が入った方の湯船だ。

天井には湯気抜きがあり、そこからほのかな光が差し込むだけの薄暗い浴場。湯船も浴場の床も、貼られているのはスペインから取り寄せた大理石だという。母屋の柱の朽ちた様は風情があり、湯船の白い大理石は年月を経てもその清らかな白さは変わることなく、温泉の艶やかさを際立たせていた。湯は「萬翠楼福住」の源泉として名高い「玉の湯」が引かれている。

（2017年12月掲載）

銘木で造られた宿で味わう旬三昧と日本酒
「円かの杜」

（神奈川県・強羅温泉）

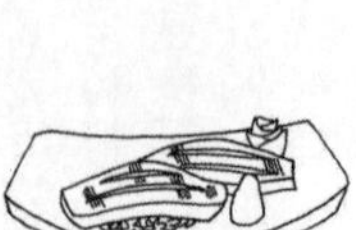

必ず聞かれる質問がある。それは「たくさんの温泉旅館を泊まり歩いた経験から、〝おいしい旅館〟を教えて欲しい」だ。すなわち「お湯は良くても、料理はちょっと……」と嘆かれる方が少なくないということでもある。

先日、箱根強羅《ごうら》の「円《まど》かの杜《もり》」に行ってきた。円《えん》をご縁にかけて、その名がある。

客室数20室の規模で、全室に露天風呂が付いている。客室からも露天風呂からも箱根外輪山の稜線が眺められ、露天風呂の横にあるウッドチェアは抜群の寛ぎ空間。畳敷きの廊下は素足で過ごすことができる。

大浴場の露天風呂には桜の木があり、入浴しながら桜を仰げるから、再訪は春にしようか。大浴場と客室の泉質は異なり、2本とも敷地内で自家源泉を持つ。特に客室で入ることができる温泉には美肌成分が多い。

2014年にオープンした当時も訪ねているが、その後も行く度に変化がある。「円かの杜」の経営母体は飛騨高山の旅館で、「日本人は木だ」という社長の哲学のもと、銘木を買い集め、現在も2軒の旅館を新築できるほどの材木を保有しているそうだ。「円かの杜」は、山形県と秋田県にまたがる日本百名山のひとつ鳥海山《ちょうかいさん》の麓に太古から眠っていた神代《じんだい》欅を中心に、杉や檜を使用している。

開業から数年が経ち、神代欅の色味は薄茶になりつつあった。支配人が「落ち着くでしょう」と言った通り、木が馴染んでくる。ふんだんに使われている館内の木々と、左官職人による土壁によって、旅館内の空気は清らかに澄み渡っている。

ここで冒頭に戻ると、質問の答えに、私はこの「円かの杜」を挙げることが多い。

1階にある「割烹むげん」は会員制で、室料はかかるが、欅の一枚板のカウンターで料理人から直接説明を聞きながらいただける。カウンター越しに立つ料理人の凛《りん》とした佇まいを目にすると、特別な料理が作られるように感じる。

「漁場として恵まれた深い海の相模《さがみ》湾と駿河《するが》湾の魚を中心にお出ししています」。

その言葉通り、駿河湾で獲れたハタは、椀の中に松茸とともにあった。一見淡泊そうな味わいだが、嚙みしめると上品な脂が広がる。ノドグロの焼き物も素晴らしかったが、それ以上だ。

また「今日ですと、マコモダケが旬ですね」と出された、味噌田楽にしたマコモダケは、サクサクと音がする歯ごたえが忘れられなくなった。

「円かの杜」では、2015年から日本酒のイベントを開催している。コロナ禍の2020年初夏（掲載後）、私も参加してみた。

「コース料理をつまみに変えた」という大胆な発想で、酒にあわせて作られた料理の数々が前菜、椀物、造里《つくり》、冷鉢、台の物、焼き物、揚げ物と続く。そして一品ごとにぴったりあう酒を用意してくれる。

試飲を重ねて日本酒を選定し、味の解説をされたのが藤田千恵子《ふじたちえこ》さん。その聞き手とイベントに流れる音楽の選曲を立川直樹《たちかわなおき》さんが担当された。

藤田さんが雑誌『dancyu』の企画で学校蔵に通って仕込んだという「d酒」は、「『俺の話を聞いてくれよ』と言わない日本酒です」と作家らしい含みのある表現だった。主張しすぎない「d酒」は料理にあわせやすいのだろう、3回も登場した。

最も印象に残ったのは伊勢海老和風ビスクスープの温かい椀物と「d酒」のお燗《かん》の組み合わせ。温かいスープには、温かい酒が胃に優しく感じた。「揚げ物と日本酒はよくあう」と藤田さんと立川さんが意気投合し、佐島《さじま》産のタコロッケにも「d酒」の常温が置かれた。

〆は寿司で、干しがれい昆布〆と鮪漬け。追加でトロ、アカイカ、蒸し鮑、赤身漬けをオーダーできる。「寿司にあわせる酒が実は難しい」と藤田さん。今回はこの日の酢飯の酢を造った蔵が醸造した酒「九重雑賀《ここのえさいか》　純米大吟醸」を選んだという。確かに同じ蔵で生産されたこれらはファミリーとでも言おうか、よくなじんだ味わいだった。

結局、この晩は12種類もの日本酒が供された。

忌々しいコロナを忘れることができたひと時だ。

（2017年11月掲載に加筆）

中部

朝日と温泉と金目鯛「熱川プリンスホテル」

（静岡県・熱川温泉）

朝日を浴びながら、温泉入浴をしたことがあるだろうか。目を開けていられないほどに陽光は強いが、大きな力が宿る。朝日の力がみなぎる最たる温泉地は静岡県伊豆半島東伊豆エリアに湧く熱川《あたがわ》温泉や稲取《いなとり》温泉、白田《しらだ》温泉など。海上に朝日が昇るため、温泉に浸かりながらご来光が望めるのだ。

「熱川プリンスホテル」もそうした絶景の宿のひとつで、最上階の露天風呂「薫風」は海にせり出すかのような構造で、温泉にいながらにして空や海とひとつになれる。ここは源泉2本を保有し、湧出量も豊富。温まるナトリウム成分と肌を整える硫酸塩泉の成分を含むから、美肌効果が期待できる。

熱海から下田まで続く国道135号線の東伊豆エリアの旅館は、海に面しているゆえの風光明媚《めいび》と、名物・金目鯛の食事がセットで待っていてくれる〝おいしい温泉〟だ。

もうひとつ情報を加えると、高齢者や身体の不自由な人のちょっとした外出や旅行をサポートするトラベルヘルパーがいる。「トラベルヘルパーセンター東伊豆」に相談すれば、移動や食事など、必要なことのみ介助を依頼できる。特に「温泉トラベルヘルパー」の清水治子《しみずはるこ》さんが宿泊先に訪れて、入浴介助をしてくれる様は実に手慣れている。観光名所や温泉の効能などを話しながら介助を受ける人をリラックスさせ、身体が冷えないようにも十分に配慮する。家族としては安心だ。

この日、私は「トラベルヘルパーセンター東伊豆」代表の吉間厚子《きちまあつこ》さんに、お客さんに喜ばれる立ち寄り場所や宿を案内してもらい、取材した。吉間さんの一推しが「熱川プリンスホテル」。絶景だけでなく、高齢者にも優しい設《しつら》えもある。

吉間さんと清水さんが夕食をご一緒してくださった。海を眺めながら食事できる個室に料理が並んだ。前菜と共に「トコロポンチ」が置かれている。美しいグラスにラムネが注がれ、底に赤や青、黄色のカラフルな小粒のところてんが沈んでいた。

「この辺りは、ところてんの原料になる天草《てんぐさ》の産地です」と清水さん。

吉間さんも清水さんも東伊豆で生まれ育った。特に清水さんは、おじさんが漁師だそうで、話題は郷土料理の話へ移る。

「『稲取キンメ』はブランドになってしまい、今では地元では高価でなかなか手に入りにくいけれど、かつては親戚からいただくもので、買うものじゃなかったわよね」と贅沢な話を聞いている間に、金目鯛の姿煮が出てきた。

「金目鯛は包丁を入れたら味が落ちますから、姿煮で出して、いただく時に箸で取り分けるんですよ」と、吉間さんが手際よく分けてくださる。「この辺りではどの家庭にも、金目鯛の姿煮を作るために大きな鍋と盛り付ける大皿があるんです」

清水さんによれば「慶事は『腹合わせ』といって、2匹の金目鯛を煮つけ、腹を合わせるのがしきたりです」。取り分けた皿を吉間さんが渡してくれながら、「煮汁がおいしいんですよ。うちの孫は、『キンメの汁かけご飯』と言って、煮汁をご飯にかけて食べるのが好きなんです」と、顔をほころばせた。

金目鯛の身に箸がすっと入り、身離れがいい。脂がのっている。甘くしょっぱいタレが染み込んだ金目鯛は、辛口のお酒が欲しくなる。

食べ終わる頃、「頭をお皿に入れて、お湯を注いで飲むのが漁師風で、『骨湯』って言います」と清水さんが勧めてくれたので、トライ。風味豊か、磯の香りが口の中で広がった。

地元の方から、名物となる由縁を教えてもらいながらいただく食事は、一層味わい深くなる。

夕食後に「薫風」に行くと、空には満月に近い大きな月が煌々《こうこう》と光を放っていた。海上には月の光が一筋の道を作っている。地元では「ムーンロード」と呼んでいる。

帰りは伊豆急行で「キンメ電車」に乗った。目立つ金赤の車体に、金色の金目鯛が泳いでいるかのように描かれていた。車内では金目鯛の食べ方が展示され、東伊豆の観光名所の案内や温泉にも触れられている。

金目鯛を食べて、乗って。大満足。


（2022年2月掲載）

文学の郷で新名物わさび料理をいただく「白壁」

（静岡県・湯ヶ島温泉）

「わさびのフルコース作ったの。罰ゲームみたいかしら、ふふふ。でもね、おいしくできたのよ。まゆみさん、食べに来て」

静岡県伊豆市湯ヶ島温泉「白壁荘」の女将の宇田倭玖子《うだいくこ》さんに誘われたのは2009年の早春だった。色白で目鼻立ちがキリリとしていて、どことなく女優の池波志乃さんに似ている名物女将。湯ヶ島周辺のイラスト入りカラーマップは女将の手描きだ。いつお会いしても溌剌《はつらつ》と動き回る宇田さんを思い浮かべて、「あぁ〜、また面白いことを思いつかれたのだな」と、その罰ゲームかのようなという誘惑にのってみた。

湯ヶ島温泉は文学の郷として知られる。『しろばんば』は井上靖が湯ヶ島で幼少期を過ごした出来事を綴った自伝的小説で、井上は晩年「白壁荘」に逗留した。他にも川端康成や梶井基次郎は度々湯ヶ島を訪ねたし、近年で言えば作詞家の吉岡治が「白壁荘」に逗留し『天城越え』で女の情念を描いた。

こうした言葉を紡《つむ》ぐ者を惹きつけるのは天城地方だけに降る「私雨《わたくしあめ》」なのではないか。土地の人はこちら（天城）側だけに降る特有の雨をこう呼ぶ。実際、最寄り駅の修善寺駅に降り立った時には晴天でも、バスで20分ほど揺られて天城の山峡のいで湯である湯ヶ島に辿り着く頃には雨が降っていたという経験を幾度もした。しとしとと低く響く雨音は妙に内省的にさせる。何かを綴りたくなるし、表現せずにはいられなくなる。そんな郷に生きる、明るくさっぱりとした女将。その存在のギャップも、またここの魅力なのだ。

「私雨」がもたらすものは静けさだけではない。蛍が飛び交うほどの清冽《せいれつ》な水で栽培されるわさびもその恩恵にあずかる。天城のわさびは日本一の生産量を誇る。全国の生産量の半分が伊豆半島で採れたわさびであり、その約7割が天城産。天城のわさびは最高品種「真妻《まづま》」として高い評価を受けている。

わさびと言えば鼻につんとくる匂いを思い出すが、出てきたわさび料理を前に女将は「わさびを和風ハーブだと思って開発したのよ」と微笑む。

まず取り組んだのが、わさびの粉末を生地に練り込んで焼いたわさびパンだそうだ。クリームチーズをつけたら実によくあった。

春のメニューの一推しはわさび寿司。わさびの茎をネタに握り、白く咲く可憐なわさびの花を巻物にした一品。歯ごたえはシャキシャキと、嚙みしめると青い香りが口に広がった。次に出てきたのはわさびパスタ。オリーブオイルにわさびが爽やかさを添えた。

コースの〆はわさび鍋。鶏を出汁に根菜をたくさん入れ、ぐつぐつ煮立ってから火を止めて、仕上げに女将がわさびをすりおろす。鍋の湯気にのってわさびの辛みが目に染みるかと思いきや、多少ツンとするもののさほど気にならない。むしろ口に含むと辛みは感じず、甘く爽やかであることに驚く。

鍋の仕上げにはチーズを入れてコクのある洋風リゾットに。わさびは洋食の素材と相性がいいようだ。他にも、すりおろしたわさびを地酒に入れてくれた。

全てが初めて出会う味だった。罰ゲームでもなんでもない、土地の力をお客さんに提供するのだという女将の意欲作だったのだ。

「わさびは主張しすぎないけれど、しっかりとした味もあり殺菌滅菌と様々な効果がある働き者よ。私たちのような〝やまとなでしこ〟ね。ふふふ～」と、にっこり。実は私が試食第一号。その後、わさび料理は定着し、いまでは湯ヶ島温泉名物へと成長した。

「白壁荘」には、増改築の際に掘り出された巨大な石をくり抜いて作った巨石風呂と、巨木をくり抜いた巨木風呂がある。どちらも圧巻の見栄え。

ここに注がれる湯も、また見事。湯に浸かり両手で持ち上げるときらきらとして、その透明感に驚く。いつまでも浸かっていたいと思わせる美しい湯だ。化粧水のような作用があるため、敏感肌の女性にもおすすめできる。こうした優しい温泉は湧き水が豊富にあるエリアに多い。やはり「私雨」がもたらす温泉なのだ。

そういえば女将の白い美肌は毎日入浴しているからだろう。女将自身もまた「私雨」の賜物なのである。

※女将からバトンを引き継ぎ、現在はお嬢さんの鈴木《すずき》裕香《ゆうか》さんが経営されている。名前も「白壁」に変わったが、わさび料理はいまも名物だ。

（2017年4月掲載）

新たなる挑戦を続ける美食の宿「十八楼」

（岐阜県・長良川温泉）

毎年7月になると、鵜飼《うかい》が盛んになる岐阜県長良川《ながらがわ》。鮎をいただけることで知られる長良川だが、今回は鵜飼には少し早い季節に、長良川温泉の老舗宿「十八楼《じゅうはちろう》」を訪ねた。

創業150年余となる「十八楼」は、旅する俳人・松尾芭蕉が名付け親だ。生涯で度々、美濃国を訪れた芭蕉は、雄大な長良川の眺めを愛したそうだ。長良川の岸辺に立つ水楼からの景色や、川風を感じながら鵜飼を眺める風流さに魅《ひ》かれ、その水楼を「十八楼」と名付けたのだ。松尾芭蕉の言葉はロビーに「十八楼の記」碑文として展示されてあり、そのロビーからも、芭蕉が愛した眺めが広がる。途切れることなく流れ続ける清流はあまりにも涼やかで、己の毒ですら洗い流してくれそうな気がしてくる。こんなにも水辺が近い長良川温泉ならではの魅力だろう。

近年は〝女子旅〟で脚光を浴びている。岐阜や名古屋などで働く女性が、仕事終わりにさっと来やすい距離なのだ。女将の伊藤知子《いとうともこ》さんを中心とした長良川温泉若女将会の活動が功を奏している。若女将会が作った紅茶「長良川～風の香り～」は、爽やかさと甘さの風味が心地よく、パッケージも可愛らしい。私もとても気に入っている。

女性の評価が高い理由に、フォトジェニックな町を散策できることも大きい。かつて、材木問屋や紙問屋は資材を運ぶのに長良川を利用していた。それらの問屋が財をなし、立派な商家が並ぶ川原町は江戸時代から川湊として栄えた。明治時代に建てられた民家は格子戸が美しく、どこを切り取っても絵になる。陽が沈み、町に灯りがともる頃は、とりわけロマンチックだ。

夕暮れ時の川原町ぶらぶらを終えて、「十八楼」に戻ると、夕食の時間だ。献立を見ると、飛騨牛の文字も目に入る。

「十八楼」名物「飛騨牛鍋」は、アルミ製のひとり用の鍋が用意されていて、なかには飛騨牛と水菜、人参、ネギというシンプルな食材が入っている。出汁は鰹と昆布。飛騨牛は口の中で溶けてしまいそう。脂は多いが、味はしつこくない。

牛鍋も美味だが、やはり期待は鮎雑炊だ。鮎雑炊は食事として出されるから、会食の流れの後半。鮎雑炊までお腹を空けておかねばならない。ペース配分を熟慮し、無事腹八分目ほどで、鮎雑炊の時を迎えた。

鮎雑炊は鮎のほぐし身とネギがたっぷり。お米は美濃特産「ハツシモ」。口に含むと、鮎が香った。ふんわりとした香りが鼻孔を通って、身体にまで染み込む。香りの秘密は、煮込む時に鮎の骨も一緒に入れるからだそうだ。目を閉じて、香りに心を委ねると清流の長良川が思い浮かんだ。私は鮎になりきった——。

夕食後は温泉へ。長良川温泉の赤茶けたお湯は鉄分をたくさん含んでいて、温まり効果抜群。入浴中は顔全体に噴きだすように汗をかいた。

「十八楼」には、蔵に温泉を引いた「蔵の湯」がある。こちらは男女交代制。女性が「蔵の湯」を楽しめるのは翌朝だ。天井が高い「蔵の湯」は湯の音が耳に心地よく反響し、快適に身体が目覚めた。

また「十八楼」は10年ほど前に、常連だった医師から「旅ができなくなった患者さんを受け入れられるか」と相談されて以来、試行錯誤を繰り返してきた。

もう衰弱してしまった患者さんも、「十八楼」に来ることを目的に元気を取り戻し、滞在中はカラオケで歌うこともある。若女将は「川側露天風呂付きベッドルームは、在宅医療に取り組む医師と患者さんとご家族の意見を反映しました」と言う。単に車いすが動きやすいバリアフリールームというだけではなく、「多少は使い勝手が悪くても、家と違うお洒落な空間がいい。非日常が演出された部屋に泊まりたい」というリアルな要望が活《い》かされた部屋だ。いまでは大人気だという。

先述した川原町も、車いすで充分に回れる。


（2019年5月掲載）

とろけそうなアカザエビは食べられなかったけど……

（愛知県・蒲郡温泉）

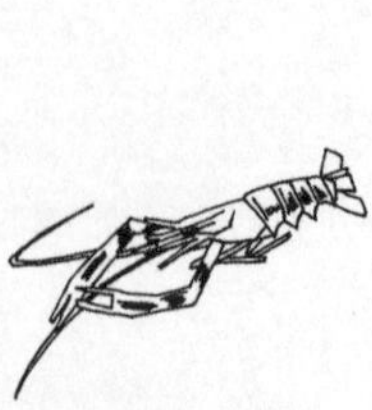

海に反射して、キラキラとした太陽の光で目が覚めた。窓の向こうにぽつんとある島が目に入った。

泊まっていた愛知県蒲郡《がまごおり》市にある「ホテル竹島」の部屋からは、開運・安産・縁結びの神「八百《やお》富《とみ》神社」がある竹島が見える。晴天ゆえに海が青々としていて、元気が出る風景だ。しばらく眺めて朝のひと時を過ごした。

この風景は、露天風呂で温泉に浸かりながら眺めることもできる。

この日は、愛知県から依頼され、「あいちユニバーサルツーリズム推進セミナー」で講師をするために蒲郡にいた。

セミナーは午後1時に開始して、5時までの長丁場。国、県、市町村の観光行政の皆さんを中心に、観光に関わる方々が熱心にメモを取りながら聴いていた。

セミナーは4人の講師が50分ずつ受け持ち、ユニバーサルデザインの専門的な話がなされた。私は「心づもりとグッズで明日から実践できるバリアフリー温泉」と題して、バリアフリー温泉に取り組む全国の旅館の事例を、多数の写真を見せながら話した。

誰もが温泉を諦めないで欲しい、誰もが旅を楽しんで欲しい、と心から願う。東京オリンピック・パラリンピックに向けて、また超高齢化社会に備え、内閣府をはじめ各省庁、そして各地の自治体がユニバーサルデザインの街づくりを推進しており、セミナーも多数実施されている。その講師として、各地に招いて頂く機会がとても多くなっている。

講師のひとりに、友人の織田友理子《おだゆりこ》さんもいた。織田さんは進行性の筋疾患「遠位型ミオパチー」という難病を抱えている。手足の筋肉から萎縮が始まり、徐々に歩行が困難になる。

彼女は2014年に国内外の車いすバリアフリー情報を発信する動画サイト「車

椅子ウォーカー」を開設。今は世界中の車いすユーザーが発信したバリアフリー情報をマップ化する「みんなでつくるバリアフリーマップ」に尽力している。

友理ちゃんはセミナーで、「いまは、話すこと以外は、自分で何もできない」と言っていた。そんな友理ちゃんをサポートするのがご主人の洋一《よういち》さんで、どこに行くにも2人一緒だ。洋一さんは友理ちゃんのメイクのみならず、ネイルケアまでする。だから友理ちゃんは、いつもお洒落で美しい。

セミナー前夜は「ホテル竹島」で織田ご夫妻と夕食を一緒にいただいた。久しぶりだったこともあり、お互いの近況を報告しながら、3人で楽しい時を過ごした。私の目の前で、洋一さんがかいがいしく、料理を友理ちゃんの口に運ぶ。友理ちゃんが「おいしい」と声をあげると、微笑む洋一さん。その光景はスウィートなものだった。

ところで今回は待てど待てど出てこなかった名物が……。

実は蒲郡には4年前にも取材で訪れている。蒲郡産天然アカザエビは、西浦漁港や形原《かたはら》漁港から出港する大型船により三河湾で採れ、水揚げされる深海魚であり高級魚。テナガエビとも呼ばれるが、ここでは伊勢海老がプリンスならば、アカザエビはプリンセスと称されている。

「アカザエビは甘海老より甘いんですよ」と教えてもらった記憶がある。頭と殻を剝いていくと出てきた身はぷりんとしていた。口に入れると溶けてしまいそうだ。これまで食べてきたエビと桁違いに甘い。その甘さがねっとりと濃いけれど上品。これがプリンセスと呼ばれる由縁か。

4年前は、夕食でのアカザエビが忘れられずに、翌日の昼食にもアカザエビを食べられる店を探し、蒲郡駅からすぐの割烹料理のお店でいただいた。「ホテル竹島」の夕食にはアカザエビは出なかったし、セミナーは過密スケジュールだったので、結局、アカザエビを食べ損ねた。残念！

でも、友理ちゃんと洋一さんとがかもしだす空気は、アカザエビより甘かった。もう、とろけそうよ。

（2019年4月掲載）

〝宿は人なり〟美しい時間を堪能する
「懐石宿　水鳳園」

（岐阜県・下呂温泉）

　旅先を選ぶ時の大切な要素は「あの人を訪ねたい」という気持ちだ。自然災害が起これば、ましてコロナ禍においてはなおさら、その思いは強くなる。訪ねれば、とても喜んでくださるし、何より私自身が相手のお顔を見ることが嬉しい。
　下呂には仲良くして頂いている旅館が2軒あり、そのどちらも下呂で一、二を争うほど、お料理が自慢だから、それぞれの旅館を満喫する2泊の旅となった。
　1泊目はご主人と女将の上村《かみむら》ご夫妻に会いに「懐石宿　水鳳園《すいほうえん》」を訪ねた。いつもながら美しい着物姿で女将が待っていてくれた。ここを紹介する際には常に「清潔感のあるご主人と女将が迎えてくれる」と書いてきたが、全くお変わりない。跡継ぎで、お顔立ちが綺麗なご子息もおられた。

上村ご夫妻との最初の出会いは、私がテレビ番組で温泉レポーターをしていた頃。「撮影に来るのに、宿の改修が終わっていなくて焦りました」と懐かしそうに語ってくださった。そうした思い出に加え、新たにご子息へ挨拶することで、出会いから時が経ったことを感じた。長く付き合えるのはありがたいことだ。

ロビーの各席はアクリル板で仕切られていて、感染対策がなされていた。アクリル板にはほこりひとつついていない。外から差し込む光でアクリル板がきらきらとし、目の前の庭の緑が映り込み、まるでオブジェだ。

ナイロンカーテンを設置するなど、コロナ対策は実に様々で、その旅館のスタンスが見えてくる。「水鳳園」の美しいとさえ思わせるコロナ対策から、ご主人と女将の清潔感が隅々まで満ちた宿なのだと、改めて実感する。

「宿は人なり」である。

さて看板のお料理だが、宿を始めた先代（ご主人のお父上）が和食の料理人であったことから、王道の懐石である。数年前に新たな挑戦として、旅館に隣接した場所にステーキハウス「飛騨牛茶寮 神月《かんげつ》」を作られたので、ランチはここで飛騨牛

A4ランクをいただく。旅館の食事処と遜色《そんしょく》ない雰囲気の良い個室で、特別な日の食事に利用されているようだ。

チェックイン後、ひと汗流そうと、貸切風呂へ向かう。頭上には木々のまばゆい緑が広がり、その緑が無色透明の下呂のお湯に映っていた。お湯に浸かりながら緑を眺め、風を受けると、贅沢な気分になる。

夕食は個室に通されて、お品書きを手にする。見事な筆さばきはご主人の手によるもの。達筆のお品書きを見るだけで、味への期待が高まり、一品ごとに確かめる。それが「水鳳園」流の愉しみ方である。

食前酒「天領 どぶろく」は米粒を噛みしめたように、ふんわりと米の甘みが漂う。

一品一品、目の前に置かれるごとにため息が漏れる。石の皿に緑の大きな葉が添えられ、サーモンの茶巾寿司、木の芽の味噌田楽、ホタル烏賊《いか》南蛮漬け、パプリカが並ぶ。朱色の四角いお盆には、松の形をした緑の器と桜の花びらを模した薄い桃色の小鉢と丸い小鉢がのっている。そうした器の色彩や配置、そこに食材の色が加わるから実に美しい。さらに、懐石ならではの上品な出汁のうま味に感極まり、時が優雅に流れていく。

夜もメインは飛騨牛。本鮫《さめ》皮でわさびをおろすと爽やかな香りがしてくる。目の前で焼いた飛騨牛に、わさびと塩をのせて口に入れ、ひと粒が大きい皇室献上米「銀の朏《みかづき》」のご飯とあわせて、わしっと嚙みついた。

これだけ夕食に心打たれながらも、実は「水鳳園」の名物は朝食のだし巻き卵だ。長方形の塗りの箱に入って出される。

下呂から車で15分ほどの養鶏場の平飼い卵で作ったという。山里で自由にすくすく育った鶏なのだろうかと想像してみる。口に含むと綿菓子のようにふわふわ〜っと卵が浮遊して、そのあとに出汁の旨味が広がり夢見心地。旅先で豪華料理を味わっても驚きだけで意外にインパクトに欠けやすく、シンプルな料理を上手に出してもらう方が心に残ることが多い。このだし巻き卵がまさにそれ。

朝食の席で「お持ち帰りください」と、お茶のポットを持たせてくれた。ペットボトルが普及する前、昭和時代の列車の旅で必ず手にしていたあのポットと全く同じ形状だ。「水鳳園」に泊まったプレゼントなのだが、なんとも郷愁を誘われて、胸の奥がキュンとなる。

（2022年6月掲載）

スーパー女将の宿で骨抜きになる「今宵天空に遊ぶしょうげつ」

（岐阜県・下呂温泉）

全国各地の女将を取材し、多くのお話を聞くうちに「女将の数だけ女将のスタイルがある」と悟ったが、ひとつだけ共通点にも気づいた。

それは「女将は女の将軍である」ということ。

宿の現場の指揮を執るその姿は将軍そのものだが、強いイメージだけではない。お客の心を満たす技は、細やかな心配りと気働きに支えられている。その仕事ぶりは、単なる女性経営者にとどまらず、時には地域の顔も務め、多くの役割を担う。見事というか、天晴《あっぱれ》の境地だ。

なかでも、私の「女将」への願望を体現したような方が、日本旅館国際女将会会長の長坂正恵《ながさかまさえ》さんだ。個性豊かな女将たちを束ねるスーパーウーマンでありながら、感性はやわらかく、心根がお優しい人情家。京都の生まれゆえか、雅《みやび》な雰囲気をかもしだしている。

緑萌ゆる季節に、長坂会長の宿、岐阜県下呂温泉「今宵天空に遊ぶ しょうげつ」を訪ねた。下呂温泉は益田《ました》川沿いに100室規模の大型旅館が並ぶが、長坂家が有する「下呂観光ホテル」と「しょうげつ」は、駅から少し離れた、温泉街を見下ろす小高い山の中腹にある。

駅から宿の送迎車で山道を行くと、「しょうげつ」に着いた。玄関から入り、ロビーに出ると思わず「わぁ〜」と嘆声を発した。

ロビーの正面は大きな窓。そこからの絶景。川の両脇に放射状に旅館が並ぶ下呂温泉街を借景として見事に取り込んだ宿なのだ。

予約の際に長坂会長から、上層階か露天風呂付きの部屋か、どちらがいいか尋ねられ、「天空に遊ぶ」という宿のフレーズから上層階を選んだが、大正解だった。

8階の客室は2間続きで、どちらも正面は全て窓。ロビーで見た景色から、さらに天空の近くに昇ってきた。窓の外に広がる風景を目にした瞬間、宙空に浮かんでいるかのような気分になり、空を飛ぶ鳥に扮し遊んだ。まさに「天空に遊ぶ」だ。長坂会長から「お料理自慢」と聞いていたので、温泉に入って、より空腹の状態まで達しようと、「貸切野天風呂」に向かう。

専用車で送ってもらうと、野天風呂専用の建物に2つの浴場があるのみ。目の前には清流が流れていた。小規模の宿なら大浴場扱いでもおかしくないほど広い湯船に驚かされた。

心洗われるような涼やかな風を浴びながら、透明で綺麗なお湯でさんざん遊び、おかげで空腹の極みまでもっていけた。

食事処のフロアには日本庭園が設えてあり、数寄屋《すきや》造りの個室まで案内される。丁寧に作り上げられた一品一品をいただいていく。飛騨の宿だから、やはりメインは飛騨牛のステーキ。飛騨牛鉄板焼きが用意されると、バリエーションの多彩さに目を丸くした。肉はサーロインとヒレとミスジの3種が並び、天然塩と割醤油、わさびが添えられている。さらに、桜とわさびのソルベとところてんの辛味噌もある。それぞれの肉の口直しということらしい。

この口直しが功を奏した。春の風を吹かせてくれるソルベを、脂がのったサーロインの後に口に含むと、気分までリフレッシュされ、ヒレに臨めた。その後、ところてんでヒレのうま味を流し、しっかりとした味わいのミスジを楽しんだ。肉の味の違いがくっきりと際立った。

板長特製のタンシチューは和風だしで、懐石料理のなかでひとつのアクセントに。丸鍋までご馳走になり、最後の品は皇室献上米「銀の朏」と、なんと揚げパンが入った赤だし。ご飯と赤だし、両方ともお代わりした。

夕食を終えて、客室に戻ると、〝ピンクムーン〟と呼ばれるシャンパン色をしたお月様が見えた。眼下には温泉街のきらきらと光がちりばめられた景色が広がる。「しょうげつ」の時間は、私から全ての力を抜いた。東京に帰ると、何もかもが面倒くさくなり、数日間は原稿が書けなくなってしまったことを告白しよう。

仕事柄、贅沢な宿に泊まらせて頂いているが、ここまで骨抜きにされたのは初めてのことだ。これが凄腕女将の「おもてなし」の真髄なのである。

（2022年7月掲載）

旅はいつも味の記憶とともに「槍見舘」

（岐阜県・奥飛騨温泉郷 新穂高温泉）

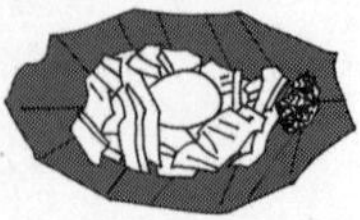

2000年代前半、『週刊朝日』のグラビア企画でアジアの温泉案内を連載しており、アジア通いも月に2回のペースだった。熱風を感じながら、ハイビスカスを眺めて湯に浸かるのは、日本では決して味わえない異空間だった。

この頃、アジアの食にもはまった。東南アジアの屋台でよく見るサテ（焼き鳥）の甘ったるいタレは日本では味わえない風味だったし、タイでドリアンを初めて食べた時の衝撃ったら！ 路上でドリアンを購入し、草むらで食べた。強烈な臭さもさることながら、舌にまとわりつくねっとりとした食感と、口の中でいつまでも残るドリアンの香りが忘れ難い経験となり、タイに行く度に求めた。

アジア通いを終えて、しばらくしたある日、有楽町駅前の果物屋でドリアンを見つけた。買ったものの、どこで食べよう……。家に持ち帰るにしても電車に匂いが充満するので、結局、店頭で食べさせてもらった。

あれ？　違う。私が記憶しているドリアンじゃない。妙に上品というか、実に淡泊。売り場を見ると「ドリアン」と表示してあるから、間違いないはずなのに。

そこで気づいた。私が覚えているドリアンは、最もドリアンが熟した8月に、タイの草むらで食らいついた味だったことに——。

それから20年近く経った先日、私は奥飛騨温泉郷　新穂高《しんほだか》温泉「槍見館《やりみかん》」で「漬物ステーキ」を目の前にしていた。卵の黄身と味噌がのった漬物をこれから瓦の上で焼くのである。

長野県の上高地に隣接し、北アルプスの懐に抱かれた平湯《ひらゆ》温泉・福地《ふくじ》温泉・新平湯《しんひらゆ》温泉・栃尾《とちお》温泉・新穂高温泉という5つの秘湯を総称して奥飛騨温泉郷という。露天風呂天国で、代表的なのは新穂高温泉の「新穂高の湯」。このすぐ奥に「槍見館」がある。こちらにも清流沿いに7つの露天風呂がある。

「槍見館」は「日本秘湯を守る会」に所属している。築200年の庄屋屋敷を移築した古民家風の一軒宿で、ロビー奥には太い梁と立派な柱の囲炉裏《いろり》もある。囲炉裏で朴葉《ほおば》味噌や飛騨牛を焼いたりするため、館内に入ると、香ばしい匂いが漂ってくる。夕食時になると、その匂いは一層増して、おいしい旅館となる。

「漬物ステーキは、この辺の名物ですよ。卵の黄身と味噌を混ぜ合わせながら焼いて食べてね。この辺りは寒いからね、なんでも焼いちゃうの」と、林英一社長が教えてくださった。

これまでの人生、漬物を焼いたことはなかったから、「漬物ステーキ」を見ても、味が想像できなかった。

あちぃ。噛みしめると、熱を加えたおかげか、より塩っ気が増している感じがする。塩気を流すために、酒を口に含ませる。あぁ〜、あったまる。白米も欲しくなる。熱い漬物とほかほかのご飯とおみおつけがあれば、もう十分なご馳走なのだろう。窓の外に、ぼそんぼそんと音を立てるように降る雪を眺め、奥飛騨で暮らす人の生活を想った。

その時、閃光のように脳裏をあのドリアンがよぎった。なぜ？　戸惑ったが、すぐに理由はわかった。絶妙なおいしさとは、食べる時期と場所の組み合わせが最適な時にもたらされるものなのだ。

ねっとりとした熱風に吹かれながら、さらにねっとりとしたドリアンを嚙みしめた瞬間。20センチもの太いつららがぶらさがる景色を眺めながら、熱々の漬物を頰張る瞬間。いずれも季節と場所の実感と、食べることへの感謝の気持ちが湧いてくる。

だから私は旅に出ると、その土地の人たちが食するものを食べ続けることにしている。土地の食を身体に入れることが、なによりもの取材になるからだ。

熱々の漬物はドリアンと同様、いつまでも口内を強い香りで満たした。やや陶然となりながら、夕食後、露天風呂へと向かった。男女別の脱衣所の先に、混浴の露天風呂がある。客室に置いてあった湯あみ着を身につける。ひょうたんに似た形の混浴の露天風呂では、遠くにカップルの話し声が聞こえてくる。カップルからさらに離れて、月の光を浴びながらのんびりと湯に寛いだ。

（２０１８年４月掲載）

関西・中国四国

日本三景とB級グルメ ギャップが魅力!?

（京都府・宮津温泉と天橋立温泉）

2020年の春から、NHKラジオ『ラジオ深夜便』毎月第4水曜日23時台の「旅の達人」コーナーでバリアフリー温泉について話している。担当アンカーは元NHKのベテランアナウンサーの石澤典夫《いしざわのりお》さん。たしか私が高校生の頃にニュース番組で石澤さんを拝見して、「NHKっぽい、かっちりとしたアナウンサーだな」と思った記憶がある。その石澤さんと共演できるのは至福の喜びである。ただこのコロナ禍のせいで、スタジオには行けずに電話出演が続いているので、なかなかお会いできない。それでもあの深海で囁くような石澤さんの落ち着いた低音ボイスに、高音の私の喋りを乗せられるのは、やっぱり嬉しい。

8月の放送では、行ってきたばかりの京都府宮津《みやつ》市の話をした。

冒頭に「宮津と言えば天橋立《あまのはしだて》や伊根の舟屋で知られているが、取材をしてみると、天橋立展望台へのロープウエイも乗車しやすく、天橋立温泉には入りやすいお風呂もあった」と話すと、石澤さんが珍しく興奮した口調で「私も行きましたよ。あそこで股のぞきをしました！」とおっしゃるではないか。

天橋立展望「天橋立ビューランド」から股のぞきをすると、天橋立が〝龍が天に舞い上がる姿〟に見えると言われ、行けばみんな股のぞきをする。もちろん私もした。そのロケーションを知っているがゆえに、「知性そのもののような語りをする石澤さんまで股のぞきをしたんですか！」と心の中で叫んだが、そのまま公共の電波で石澤さんにぶつけるほど、まだ親しくなれていない。

宮津は京都の北部、日本海側にあって「海の京都」と呼ばれているだけあり、海鮮物が目玉だ。それは北前船の寄港地として知られる宮津に残る「宮津節」の歌詞にも表れる。

二度と行こまい丹後の宮津、縞《しま》の財布が空になる――。

宮津に立ち寄るとおいしい海の幸、山の幸に囲まれて、ついついお金を使ってしまい、財布の中がすっからかんになるということを歌っている。「宮津節」をご存じだった石澤さんは今にも歌い出しそうな勢いで歌詞を語ってくださった。股のぞきにしろ、かっちりとしたイメージの人がふと見せるチャーミングさはいいなぁ。私は体験してきたばかりのおいしい情報を伝えた。

「初夏の名物の丹後とり貝は8センチもの大きさ。盛夏に出される丹後岩牡蠣も大きい。どちらもぷりっぷりで、特に牡蠣はミルクのようにクリーミーで、チーズのようなコク」と話すと、ツイッターで放送内容を実況してくれるリスナーさんが「深夜にお腹がすいてヤバイ」というツイートに岩牡蠣の写真も載せてくれていた。

丹後とり貝や岩牡蠣をいただいたのは「日本の宿　茶六《ちゃろく》別館」。ご当主は〝おいしい旅館〟が加盟する「日本の宿を守る会」団体の取りまとめ役もされている。

放送は、いつもより長めの食の話を終えて、いよいよバリアフリー温泉の話に。天橋立温泉の「ホテル北野屋《きたのや》」は、客室から天橋立が一望できる。完全なバリアフリールームはないが、利用しやすい和洋室がある。貸切風呂には広々としたテラスが付き、檜でできた浴室と御影石の湯船。湯船の横のスペースに一度腰を下ろし、身体を回転させて、温泉に入ることができるから、足が不自由な高齢者にも入りやすい。もちろん天橋立もよく見える。

――と放送ではここまでだったのだが、せっかくなので、放送で話せなかった食レポをもうひとつ。

宮津の方に、ぜひ食べて欲しいと案内されたのは、宮津のソウルフード「カレー焼きそば」の店「カフェ・レスト絵梨奈《えりな》」。

汁に入ったカレー焼きそばを「ウェット」と呼び、「ドライ」バージョンもある。この2種類から選べるのだが、ウエットの最後はライスも付けるのが恒例。「カフェレスト絵梨奈」は香辛料にこだわっていて、カウンターには香辛料がずらりと並び、店内も香りが漂う。後を引く辛みが印象的で、「ウェット」「ドライ」、どちらも食べたい。

それにしても、財布が空っぽになると恐れられた宮津の人のソウルフードがB級グルメとは――。

石澤さんといい、宮津の方といい、ギャップは魅力の源なのかもしれない。

（2020年11月掲載）

パワフル女将の宿の絶品〝炊き合わせ〟「八景」

(岡山県・湯原温泉)

「お腹いっぱいになりました〜?」

「嬉しいです」

「明日の朝もお腹を減らして来てくださいね〜」

「一緒に年取りましょう」

お客さんに語りかける、生き生きとした女性のハスキーボイスがフロア中に響き渡る。オレンジ色のタートルセーターと同色のタイツ、膝丈のグレーのフレアスカートと装いもまた活動的なその人を表している。そこに白いエプロンをして、よく動く。食事会場で夕食を出しながら、一品一品の料理の説明をしてくださる。

岡山県で「美作三湯《みまさかさんとう》」と呼ばれる湯原《ゆばら》温泉、湯郷《ゆのごう》温泉、奥津《おくつ》温泉は名湯と親しまれてきた。

訪ねたのは湯原温泉「八景《はっけい》」という宿。鳥取県との県境で蒜山《ひるぜん》にほど近い。客室数が30に満たない小規模旅館の「八景」の名物女将・上塩浩子《うわしおひろこ》さんに会いに来た。ミステリー評論家で、大学では旅館をテーマに教鞭を執っていた故・松坂健《まつざかけん》さんから「よく笑いよく話す、活力に溢れた素敵な女性だよ」と紹介して頂いたのだ。

席につくと、くみあげ湯葉、出汁ゼリー、生雲丹《うに》、小切茄子、金兵衛銀杏、インカのめざめが盛り付けられている。八寸は、秋鯖《さば》寿司、青味大根、こんにゃく田楽、大山《だいせん》ブロッコリーが並ぶ。

徐々に、八景の料理の特徴がわかってきた。味が薄いのだ。薄いといっても物足りない味なのではなくて、いかにも酒が進むような濃い味つけではないということ。ただただ品がある。だから飽きない。品数が進んでも食べ続けられるわけだ。素材は野菜が多い。

アマゴ塩焼きは、「丸かぶりで召し上がれ」と出してくださった。朝に獲れたアマゴを炭火で40分焼いたものだという。頭からかぶりついた。

旅館の夕食をいただく時に、オーナーが自らこれほどサーブして、全ての料理の説明をしてくださるのは珍しい。付け焼き刃の知識ではなく、料理長との試行錯誤を経て辿りついた味であることを彷彿とさせる解説なのだ。

「うちの一番の名物です」

そう言って出されたのは野菜の炊き合わせ。連島《つらじま》ごぼうには苦味と渋み、少々のアクもある。金時人参は果実のようなフルーティーさ。海老芋はほくほくと甘い。えびす南瓜は香わしい花の匂いが口に充満する。「お野菜それぞれを炊きます。それから椀に入れて、蒸します。お出汁も召し上がってくださいね」。とろみのついた出汁は生姜の風味が香る。

ちょうど料理長が挨拶に来てくださったので、炊き合わせを絶賛すると、「ごぼうはブランド品ですからそのまま炊きました。南瓜はまず人肌の温度にした米のとぎ汁に浸けておき、それから炊きます」と説明してくださった。

藻塩をひとかけしていただいたかき揚げは、さつまいもと人参を細切りにして、季節ならではのムカゴと三つ葉をあわせて揚げている。芋けんぴのようであり、ムカゴがほくっとしていて、食感に彩りをつけている。

他のテーブルからは女将の英語が聞こえてくる。この晩は香港から2組、シンガポールから1組、計3組の外国人観光客がいた。上塩さんはハワイでおでん屋を出していた時期もあるし、今はバンコクでもおでん屋を出店している。

「八景」の料理は、この時期ならではの松葉ガニといった定番食材の華美さはない。別注での用意はあるが、通常の料理には出されない。基本的な料理は野菜が中心で素材そのものの味がして、出汁が寄り添う。思わず私は出汁を飲み干《ほ》していた。

「気持ちがいいほどに綺麗に食べてくれるわ〜」と、女将が朗らかな表情で声をかけてくださった。

「高知の旅館オーナーが来られた時、残飯はどうしているのかって聞かれたので、『残飯が出ないんですよ、残さずに食べてくださいますから』と言うと、驚かれちゃって。高知は皿鉢《さわち》料理だから、残ってしまうのね」と女将は微笑んだ。

私も皿を舐めるように、完食なり！

（2020年2月掲載）

温暖な四国の地で感じたこと

（愛媛県・道後温泉）

とても寒かった２月初旬に松山空港に降り立った。

最初に目に入ったのがみかん色。さすが柑橘《かんきつ》類が豊富に採れる地の玄関口だ。各所にみかんのオブジェがある。そんな光景に誘われて、私は「みきゃんジュース」を１缶１３０円で購入し、道後温泉までのバスの車中でいただいた。甘みの強いジュースを味わいながら、温暖な気候であることを舌でも感じた。

松山へ行ったのは「第９回ＶＩＳＩＴ　ＪＡＰＡＮ大使の集い２０２０ｉｎ四国」に参加するためだった。「ＶＩＳＩＴ　ＪＡＰＡＮ大使」（以下、ＶＪ大使）は、観光庁が設立された２００８年に、訪日外国人観光客誘致や文化発信に力を注ぐ民間人に国交省が与えた称号で、私も日本の温泉文化を発信する仕事が評価されて、末席に名前を入れさせて頂いている。

ＶＪ大使は実に個性派揃い。「皆さんは年を重ねるごとにエネルギーが増し、それぞれにバージョンアップされていて驚きます」と言われたことがある。光栄至極。

この日は地元から３００人もの参加者が集まり、大盛況のうちに終了した。

翌朝、私は「道後温泉本館」でお湯を頂戴した。朝湯は素晴らしい。窓から朝日が差し込み、透明感あるお湯がきらきらと輝いていた。近年、「道後温泉別館　飛鳥《あすか》乃湯泉《のゆ》」という日帰り入浴施設ができて地元の人に人気だが、本館の風格とは比べ物にならない。道後温泉を守っているかのような本館の頼もしさよ。

２日目は、ＶＪ大使の皆さんと一緒に愛媛を旅した。道後温泉からＪＲ松山駅までは「坊っちゃん列車」に乗車。かつて夏目漱石も乗ったというこの列車は、松山市内の路面を走る渋い蒸気機関車風のディーゼルカーだ。

ＪＲ松山駅から、『伊予灘《いよなだ》ものがたり』に乗る。夕日を連想させる茜《あかね》色の車両と、太陽や柑橘類の輝きを表す黄金色の車両が海岸沿いを走る観光列車。車内は伊予灘を存分に楽しめるように、大きな窓が配されている。

添乗員の方から「緊張感を持ってください」と指示がある。

緊張感とは？

観光列車においては最もそぐわない言葉に聞こえたが、地元の人が手を振ってくださるから、乗車中の私たちも手を振り返して欲しいということだった。

列車が走り始めると、沿線の工場の作業員が大手を振る。列車と並行して走る車から手を振ってくれる人もいる。子供たちも手を振る。暖かな日差しの中で皆が手を振ってくださる姿は、なんとも長閑だった。

列車から下りて散策中に、路上に「どうぞ」とみかんが置かれてあり、歩きながら食べると、ほっぺたが落ちそうなくらいに甘い。これほどの甘みのあるみかんが採れるとは、やはり温暖な土地なのだ。

いま、持ち帰ったお土産で松山の味を愉しみながら原稿を書いている。

みかんの「ちゅうちゅうゼリー」を吸うと、みかんの酸味と甘みが広がる。路上でいただいたみかんを思い出す。ご厚意で食べたみかんは本当に甘かったな〜。

松山のお隣の大洲《おおず》で購入した銘菓「志ぐれ」は小豆が原材料で、甘すぎず、品のある味だ。ういろうにも似ているような気がするし、押しつけがましくなく、飽きない味わいだからどんどん減っていく。

松山名物と言えば、「松山銘菓タルト」が有名だ。なんでもポルトガルから伝来した南蛮菓子を松山に持ち帰ると、松山藩主が気に入り、こちらでも作るよう命じられたそうだ。柚子が香る餡《あん》がみっしりと詰まった、きめの細かい生地のロールケーキ。実は思い出の味だ。幼少の頃、祖母が道後温泉土産に買ってきてくれて食べたのが最初で、子供心に気に入ったのだろう、祖母に「香り高いね」と大人びた感想を伝えると祖母は笑った。晩年、日本全国の温泉を行脚しては、私に温泉まんじゅうを買ってきてくれたが、タルトはまんじゅうと違い、柚子風味が香るハイカラな味が新鮮だったことをよく覚えている。

（2020年4月掲載）

香川で「うどんタクシー」に乗ってみた

（香川県・琴平温泉）

昨年（2018年）、年の瀬に高松を訪ね、こんぴら温泉「琴平花《ことひらか》壇《だん》」に泊まった。数多の文人墨客が滞在した由緒ある旅館で、森鷗外は自伝風小説『金毘羅《こんぴら》』に「琴平花壇」を登場させている。お湯は単純弱放射能冷鉱泉。癖のない肌触りのお湯なので、琴平の街並みを一望しながらのんびりと浸かることができた。

翌日は午前中に金刀比羅宮《ことひらぐう》を目指す。「琴平花壇」から歩いて7～8分ほどで参道に着く。「こんぴらふねふね♪」と馴染みの音楽が流れてきて、郷愁が込み上げてきた。

なぜかというと、両親は新婚旅行で金刀比羅宮に来ており、幾度となくその話を聞かされてきたのだ。どうも初訪問の気がしない。

参道から御本宮までの石段は全785段。想像していたより、難なく登れた。御本宮で参拝。海抜251メートルの高台からは瀬戸内海も見えた。この日は小雨がちらついていて、木々が露に濡れて、神秘的であり幻想的だった。御本宮でしか購入できない「幸福の黄色いお守り」を両親への土産にした。

下山して、いま話題の「うどんタクシー」を体験することに。参道入口にある案内所「ことり」に行くと、駐車場にタクシーが停まっていた。タクシーの上に輝く丼の行灯が目に入る。中には「うどん」と書かれた文字プレートが浮かんでいるではないか。車体には「うどんタクシー」とステッカーが貼られた特別車！　わくわくするなぁ。

ドライバーさんがドアを開けてくれ、その世界へと足を踏み入れる。

ドライバーさんが少し訛りのある言葉で、「香川県内には900軒前後のうどん店がありまして、麺のコシや出汁の違いがそれぞれにあります」と、うどんの発祥から、今日に至るまでのうどんの歴史や概要を話してくれた。このドライバーさんは筆記試験やうどん解説の実地試験、うどんの手打ち体験を経た「うどん専任ドライバー」。そりゃ、詳しいはずだ。

当然、無類のうどん好きときている。

「香川の人は、日常的にうどんを食べているんですよね?」と尋ねると、「そうですね〜。昼には、その日の気分で、好みのうどんを食べに行きまして、私は、夜の分のうどんも買って帰ることもありますよ。ご飯のおかずがね、うどんなんです」と大真面目に話してくださるから、「炭水化物多いですね〜」と返すと、笑いが弾んだ。型通りのうどんの解説よりも、ドライバーさんの日常生活の中に存在するうどん話の方が記憶に残る。

「うどんタクシー」には60分うどん店1〜2軒、90分2〜3軒、120分3〜4軒などのコースがあり、私は90分を選んだ。一日貸し切って観光地も回りながらうどんを食べ続けるお客さんもいるそうだ。道中、「うどんタクシー」を何度も見かけた。町で見ると、目立つ車体だ。

1軒目は「宮川製麺所」。工場の横でうどんをいただくシステムだという。店に入ると、カウンターにネギや天かすや生姜がこんもり盛られた器が並び、その奥に麺が置かれている。その脇に麺を湯がく熱湯が入った釜があった。

ドライバーさんが「ここはセルフね。自分で麺を茹でて、汁を入れて、好みでネギとか生姜を入れて。汁はかき混ぜるといりこが浮くからね、入れてね。おいしいから」と、手順とコツを教えてくれた。指示通りに丁寧に作業していたら、「手早くね」とドライバーさんに諭《さと》された。「茹で時間は短くしないと、のびるよ」とまた指摘。どうも慣れない。

私はうどん1玉だったので、会計は160円也。何を食べたかをお店の人は確認せず、自己申告で支払うシステム。全てがおおらかだ。ちなみにうどん2玉は240円。3玉入れると320円。持ち帰りだとうどん1玉80円、出汁1合で70円。や、安い！

この他には「山下うどん」にも寄った。かつて両親が訪れた時に「うどんタクシー」があったのなら、無類のうどん好きの母は楽しんだことだろう。

愉快なタクシーは他にもあって、新潟県三条《さんじょう》市の「燕背脂ラーメンタクシー」、青森県弘前《ひろさき》市の「アップルパイタクシー」、石川県金沢市の「金澤寿司タクシー」など。これらを総称して〝ご当地タクシー〟と言う。いずれも目印となる行灯がタクシーに付いているのだ。

（2019年3月掲載）

アイディアで進化を続ける
名物・炭酸煎餅

（兵庫県・有馬温泉）

ここ数年、温泉をモチーフにした漫画や小説をよく見かけるようになったので、なるべく目を通している。かつて、温泉や旅館を舞台にすれば、その多くはか弱い女性が虐《いじ》められながらも孤軍奮闘する『細うで繁盛記』のようなストーリーが多かったが、近年は主人公が湯守だったり、小学生だったり、温泉をテーマにした物語も実に多様化している。

講談社の青い鳥文庫から出ている『若おかみは小学生！』シリーズを原作としたアニメ映画はとてもよくできていた。事故で両親を亡くした少女が祖母の経営する温泉宿に引き取られ、温泉街の人々、学友らと交流しながら、若おかみとして奮闘する様が優しいタッチの絵で描かれている。舞台は有馬《ありま》温泉がモデルになっており、一種の理想の温泉街として表現されている。

その有馬温泉に街の灯りがともる頃——。

温泉街の象徴であるゆるく傾斜する石畳の湯本坂がやわらかい光に包まれる。その坂道を上ると、昭和初期に建てられた建物が並んでいて、旅館のロゴが入った浴衣姿の老若男女が下駄を鳴らしながら往来する。

ライトアップされた「有馬温泉 元祖 三津森《みつもり》本舗」の風格ある看板に吸い込まれるように店内に入ると、ほんのりとした甘い香りに包まれた。「三津森本舗」では焼きたての炭酸煎餅《せんべい》をふるまっている。いただくと、口の中で「ぱりっ」と音を響かせ、ほっとさせてくれた。まるで郷愁のような、懐かしさが込み上げる。バターや卵、添加物は使っていないというその素朴な風味は、昭和の建築物と温泉街の夕景の情緒に実にはまるのだ。

さらに坂道を歩いていくと、温泉寺・念仏寺《ねんぶつじ》・湯泉《とうせん》神社に囲まれた極楽寺がある。その奥の庭園は秀吉が造らせた「湯山《ゆのやま》御殿」の一部が復元されている。もう少し奥へと坂を上ると、炭酸煎餅の材料となる炭酸泉が湧く炭酸泉源公園に出る。少し高台にあるため、街が見渡せた。

今から10年以上前に、炭酸煎餅の取材で有馬を訪ねた際に、株式会社三ツ森の弓《ゆ》削《げ》敏行《としゆき》社長に炭酸泉源公園を案内して頂き、炭酸泉を生地に入れることで、ぱりぱりの歯ごたえの煎餅になるのだと教えてもらった。ちなみに、この有馬名産の炭酸煎餅は、三ツ森創業者の三津《みつ》繁松《しげまつ》氏が明治末期に製造・販売したのがルーツだ。

今回の有馬訪問は数年ぶり。観光庁による補助事業の有識者伴走支援のためで、このミーティングで、弓削社長のご子息で同社常務取締役の次郎《じろう》さんにお会いした。

「コロナ禍では、うちも大変だったので、SNSに窮状を訴えると、その情報が拡散されまして、多くの方が購入してくださいました」

そんな心あるお客さんの家には、三津森本舗の炭酸煎餅が箱で積まれた。このことを次郎さんはSNSの呟きで知ると、炭酸煎餅を使ったデザートや軽食の考案をSNS上にもちかけた。すると様々なレシピが次々とアップされていった。

次郎さんはそれを参考にして「炭酸煎餅フレンチトースト」「炭酸煎餅ピザ」と商品化していき、レシピを公開した。フレンチトーストは、卵と牛乳とバニラエッセンスに炭酸煎餅を浸し、バターを溶かしたフライパンで焼くだけ。ピザは炭酸煎餅の上にピザソースを薄く塗り、サラミやピーマンやチーズを散らし、トースターで焼くだけ。どちらもお手軽レシピだ。

ミーティング後、次郎さんが三津森本舗の横に新設された『mitsumori cafe』に連れて行ってくれた。メニューにはフレンチトースト、ミルクレープ、三ツ森パフェなどが写真付きで並び、目移りしたが、私はティラミスを頼む。運ばれてきたティラミスを見て、「あれ、炭酸煎餅が見当たらないぞ……？」と、首をかしげると、なんとあのパリパリの煎餅6枚を、神戸で人気のヒロコーヒーに浸し、薄いワッフルのように仕上げてあった。口に入れると、マスカルポーネの塩気とバニラアイスの甘みで、確かにティラミス！

歴史ある三津森本舗の伝統がうまく継承されていることを目の当たりにできた喜びの訪問となったし、歴史ある街は景観の保存だけではなく、人が繋いだ軌跡もそこに刻まれているのだと改めて実感する。

（２０２２年9月掲載）

後味が忘れられない谷崎潤一郎が愛したカレー
「陶泉 御所坊」

（兵庫県・有馬温泉）

久しぶりの有馬温泉で食に温泉に大満喫した滞在記の後編である。

宿泊する「陶泉《とうせん》 御所坊《ごしょぼう》」でチェックインをしてから、温泉街へと繰りだした。

「御所坊」を出て、右手に湯本坂が見える。登ってゆくと、有馬温泉名物の赤茶けた湯「金泉」に入浴できる共同浴場「金の湯」がある。

「金泉」はナトリウムと塩分濃度が高いねっとりとしたお湯で、入浴すると瞬く間に顔中に汗が噴き出してきて、目にしみるほどだ。こうした温まり効果抜群の「金泉」を気に入ったのは豊臣秀吉。子宝に恵まれなかったねねを連れてきたという史実もあり、さらに秀吉は有馬を一大温泉リゾート化する計画まで立てた。あの秀吉

を魅了した湯は、とても濃い。

さて前回は、有馬温泉の銘菓「炭酸煎餅」の爽やかな味わいについて綴ったが、もうひとつ今回の旅で忘れられない味がある。それは谷崎潤一郎も愛した「ダブルオニオンカレー」だ。

谷崎潤一郎と言えば、関東大震災の後に関西の神戸へ移住し、有馬温泉に通ったことで知られている。定宿にしていたのは「御所坊」。谷崎作品にも度々登場する。『猫と庄造と二人のをんな』では、「そしたら、又御所の坊の二階にしょうか」という台詞が出てくる。また、『細雪《ささめゆき》』に登場する4姉妹の末っ子のモデルとなった女性は、「小説に出てくる『花の坊』は『御所坊』のことよ」と話していたそうだ。「御所坊」15代目の金井啓修《かないひろのぶ》さんから伺った話である。

夕食は、金井さんがご一緒してくださり、「うちのダブルオニオンカレーはオリエンタルホテルのレシピ。谷崎潤一郎が愛した味なんですよ」と教えてくださった。「御所坊」の夕食はどれも素晴らしかった。鰆《さわら》の炭火焼きなど、これまで私が食べたものはパサパサしている印象だったが、ここのは肉厚の鰆がジューシーだった。但馬《たじま》牛の藁焼きは、そのほんのりとした藁の香りが肉のおいしさを引き立てていた。

なによりも最後に食したカレーがいまだに恋しくてたまらない。そう、あの旨味のある〝甘さ〟が口に広がった時の高揚感――。

「ダブルオニオンカレー」を食べた後に、他のものを口にしたくなくなったのだ。それほど後味を引くカレーだった。

このカレーは神戸の歴史と共にある。

1868年（明治元年）、外国に開かれた窓口として神戸港が開港し、神戸に外国人居留地ができた。開港により、西洋の文化が取り入れられたのだが、そのひとつが洋食だった。

当時、居留地に格式ある「オリエンタルホテル」が建ち、レストランが盛況だった様子が書かれた記事を読んだことがある。レストランの目玉料理はカレーだった。その旧オリエンタルホテルの味を受け継ぐカレーが「100年カレー」という愛称で親しまれている。それが、「御所坊」で私が食べた「ダブルオニオンカレー」である。

私に高揚感をもたらした〝甘さ〟の秘密を金井さんに聞くと、

「ブイヨンに玉ねぎのみじん切りを大量に加えるのは当たり前ですが、さらにスライスして揚げたフライドオニオンを乾燥させてパウダー状にしたものを使っているんですよ」とのこと。

だからダブルオニオンなのか。食通の谷崎潤一郎もこの〝甘さ〟に魅了されたのだろうか――。

宿泊業界には「金井詣で」という言葉があるほど、金井さんの存在を業界内では知らぬ人はいない。名だたる旅館のご主人も金井さんに会いに「御所坊」を訪れる。業界紙の連載で「最新金井レポート」を書いたら、反響もあった。

その金井さんがいま力を入れているのが「終《つい》の棲家《すみか》」の部屋。金井さんにとって心の師匠である人を「御所坊」で看取ったことで、温泉旅館の意義を考えるきっかけになったという。

これからも「金井詣で」をしなければ。神戸の味を楽しむ機会が増えそうだ。

（2022年10月掲載）

山陰で出会った芳醇なホタルイカ

（兵庫県・湯村温泉）

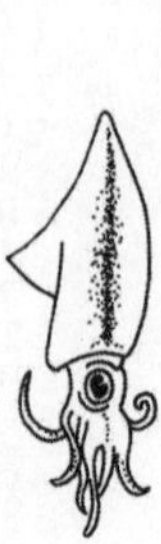

私のライフワークのひとつである「旅館に残る著名人の滞在秘話」を月刊『潮』の連載「宿帳拝見――『あの人』が愛した湯」で書いている。毎回６ページで、４０００文字前後と少し長い読み物だから、様々な逸話をたっぷり綴れて、嬉しい。

例えば『細うで繁盛記』で知られる小説家・脚本家の花登《はなと》筐《こばこ》さんと、『おしん』や『渡る世間は鬼ばかり』で有名な脚本家の橋田壽賀子さんは、同じ旅館に強烈なエピソードを残している。

俳優の田中邦衛さんの定宿では、田中さんが普通に大浴場で入浴しているものだから、他のお客さんが驚いて、「お風呂にいるのは田中邦衛さん?」と確かめにフロントへやって来たという。田中さんの飾らない人柄を表すいい話が聞けた。

歌手の石川さゆりさんの代表曲『天城越え』が生み出された旅館では、大女将が作詞家の吉岡治さんに「歌詞がすごく切羽詰まってるじゃないですか。なんであんな歌詞を書けたんですか？」と尋ねると、「貧乏でオンボロアパートに暮らしていた頃に、隣の部屋の派手な夫婦喧嘩を思い出してね」と答えたそうだ。女将の踏み込んだ取材力に感服である。こうした温泉旅館に伝わる史実を書き残しておきたい理由は2つある。

25年間、温泉を書き続けてきた身として、「日本人はひとたび温泉に入り、浴衣に着替えればただの人。社会的立場や鎧《よろい》を脱ぎ捨て、素顔をさらすことができるのは温泉宿しかない」ということを伝えたいから。

また、そうした史実は、きっと日本の温泉旅館全体の宝となるからだ。

案外、旅館の皆さんは史実を語り継いでおらず、資料も整理されていない。私の取材をきっかけに探し出してもらうことがままある。

最近は、「コロナ禍による経営難でオーナーが代わり、話してくれる人がいない」という問題にもぶち当たる。「血」で受け継ぐ家業である旅館だからこそ、語り継ぐ人が途絶えるのは哀しい。そこで、むしろ私のような取材執筆を仕事とする者が書き残した方が良いのだろうと、勝手に使命感を抱いている。

取材も丁寧に進めており、毎回ではないが、できる限り現地に出かけ、当時を知るオーナーや女将にじっくりと話を聞いている。

もちろん、おいしい思いもしておりますよ。

橋田壽賀子さん、花登筺さん、田中邦衛さんの取材で山形に行けば、自《おの》ずと知れた米沢牛を楽しんだ。ほろっと脂が口に溶け出す旨さと来たら！　演歌『天城越え』の誕生秘話の取材では、辛みより爽やかさが口を満たしてくれる天城のわさび鍋にまたまた感動。

そして、NHKのテレビドラマや映画化、舞台化もされた『夢千代日記《ゆめちよにっき》』の撮影秘話と、女優の樹木希林さんの素顔を取材するために、兵庫県湯村《ゆむら》温泉に行った時のこと。山陰の松葉ガニを楽しみにしていたが、今、ありありと思い出す味は松葉ガニではなく、ホタルイカ！

ホタルイカは富山のイメージだったが、『夢千代日記』にも出てくる浜坂港では、ホタルイカが全国トップクラスの漁獲量という。

午前中に湯村温泉に到着したので、源泉周辺を散策し、源泉を見渡せるレストランの2階に入り、取材前にランチを食べた。

「三尾《みお》のおばあちゃんがつくったホタルイカのパスタ」というメニューが気になり注文すると、出されたのは具材はホタルイカのみで、パルメザンチーズをかけただけのシンプルなもの。これが、その晩にいただいた松葉ガニを軽々と追い越すほどの鮮烈な味わいで、抜群に濃厚でクリーミーだった。

お店の人に聞くと、「鮮度のいい状態で沖漬けを作り、その秘伝のタレが決め手」と自慢気。塩っ気だけでなく、ほんのりとした甘さもある。この沖漬けのタレがオリーブオイルに合うのだろう、麺と絡めていただくと口の中が芳醇な香りに満たされた。

ランチの後には大切なインタビューがあったが、その最中も、私は口の中に残ったホタルイカの沖漬けの風味に酔いしれていた。

（2022年5月掲載）

九州・沖縄

〝おいしい情報〟は共同浴場から

（佐賀県・武雄温泉）

〝ひとり旅〟にハマったのは、ここ10年ほどだ。

私がこの仕事を始めたのは20年以上前だが、当初はまだ好景気ゆえに、編集者とカメラマンと私、3人分の取材費が出た。それがいつの間にやら、私が一眼レフを持ち、ひとりで取材に出かけ、被写体となる時は三脚を立てて自分を撮影するようになった。これが〝ひとり旅〟の始まり。最初は必然に迫られてのことだった。

でも、私に合っていた。誰にも気兼ねなく、自由自在に動ける。その日の天気次第、気分次第、行動範囲も全て自分で選べる。もちろん取材も撮影も全てのミッションを担うが、人に気を遣わなくていい分、取材成果もすこぶる上がった。旅する時間も濃密になっていったように思う。

先日、私の〝ひとり旅〟の様子を『ジパング倶楽部』の誌面にするために、佐賀県武雄温泉に出かけた。武雄温泉は、2022年の九州新幹線西九州ルート開通に向けて、駅前で大工事が行われていた。

宿に荷物を預けて、さて、どんなスポットに立ち寄ろうかと考える。

私の〝ひとり旅〟を読者に伝えるために、旅そのものを俯瞰《ふかん》してみて気づいたことがある。現地での情報収集をとても重んじているのだ。宿の仲居さんのほんの一言や、たまたま入ったレストランオーナーの考え方、町の古書店で手にした郷土資料などが情報源。

ただ、最も私が頼りにするのは、地元の人が入りに来る共同浴場での会話だ。

武雄温泉は旧長崎街道沿いにあり、古くは宮本武蔵やシーボルトが滞在した温泉地として知られる。町のシンボルは、近代建築の祖であり、東京駅を設計した辰野《たつの》金吾《きんご》が手がけた楼門《ろうもん》だ。朱色の楼門は品格があり、威風堂々たる姿。その先に共同湯・元湯が鎮座する。大正7年に作られた共同湯で、その歴史は湯気が天井から抜けていく伝統的な湯小屋の作りからもわかる。

毎日、夕方になるとライトアップされる。その光が楼門を照らすと異国情緒が漂い、楼門や元湯周辺を歩きたくなる。楼門の前にある「東洋《とうよう》館」に宿を取れば、館内からも楼門が眺められ、散策もしやすい。

地元の人たちが元湯に早朝に来ることは知っていたから、翌朝、オープンの6時半に訪ねた。撮影しながら、来る人、来る人と会話が弾んだ。そうそう、これこれ。無色透明で匂いもないやわらかい単純温泉は、お喋りするにはもってこいのお湯。

武雄に里帰りしたお姉さんや90歳のおばちゃん、さらに九州を一周している旅人とお湯を共にしながら、お喋りに花が咲く。みなが一様に、「武雄のソウルフードは『餃子会館』の餃子！」と私に教えてくれた。

その後、宿の朝食をいただき、撮影した武雄バーガーも食す。バンズがふっくらと甘く大変美味だったが、私は武雄のソウルフードが気になって仕方ない――。

ええぇい！　タクシーを停めて、運転手さんに「餃子会館」と言うと、「はい」と答えてくださったから、やはり地元では知られた店なのだ。

餃子会館の建物の前には、だだっ広い駐車場があった。昼を過ぎていたから空きはあるが、ピーク時は満車になるらしい。

それでも1階は満席で、2階に通された。メニューを見ると、「もしもしラーメン」という文字が目に入る。「もしもしって？」と首をかしげた。店員さんに聞いてみると、「以前は電電公社の横に店があったんですよ」とのこと。豚骨スープにもやしとワカメと麺が入り、さっぱりとした味は万人受けするフードコートのラーメンを思い出した。

待ちに待った餃子がやってきた。一皿に8つ並び、400円なり。一口では入りきらない大きさの、真ん丸な餃子。一見、揚げ餃子にも見えるけれど、口に含むと、焼き餃子。箸で持ち上げると重量あるぞぉ。皮は厚くもっちり。噛みしめると詰まった具がふわっとほどける。しゃきしゃきの状態のキャベツ、玉ねぎ、にらとひき肉は心まで満たしてくれた。この存在感だと飽きないのかなと思いながらも、「これが武雄の味かぁ～」と、武雄温泉をぐっと身近に引き寄せることができた気がした。土地の人の日常を味わってこそ、取材なりである。

興味の赴くまま、どんどん突っ走れるのが〝ひとり旅〟の面白さ。旅先での出会いや体験をそのまま書いていく私としてもネタの宝庫。やっぱり〝ひとり旅〟はやめられない。

（2020年3月掲載）

とろろんっと、心もほぐれる「嬉野温泉湯どうふ」

（佐賀県・嬉野温泉）

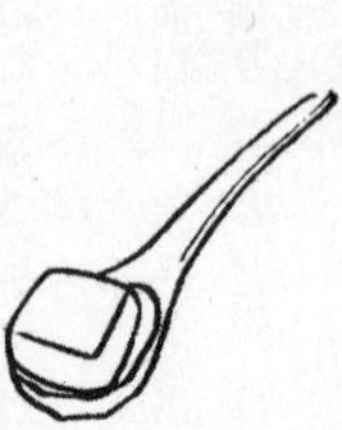

暮らすように旅をする私は、今宵の嬉野《うれしの》温泉で4泊目。唐津《からつ》温泉から古湯《ふるゆ》温泉、嬉野温泉と佐賀で温泉尽くしだ。

嬉野は美肌の湯で知られ、全国から女性がやってくる。温泉街の中心を歩いて3分ほどで豊玉姫《とよたまひめ》神社があり、なまずが肌の病にご利益があるということで美肌の神様のなまずが祀られている。

旅館に入り、温泉に身を委ねる。両手で湯を持ち上げてこするとつるるんっとする。温泉に浸したタオルを顔にのせて、毛穴を広げ、温泉ミネラルの浸透を待つ。

泉質は重曹泉。台所周りの洗剤で使うあの重曹と同じで、汚れを落とす効果はもちろん肌にも作用し、角質や皮脂の汚れも流して綺麗にしてくれるのだ。さらに保湿力のあるナトリウムも含むから、嬉野は万能の湯。湯上りは一味違う。弾力が増す感じだ。肌色がワントーン明るくなった気がする。

さてさて、お楽しみの夕食では、名物「嬉野温泉湯どうふ」がたまらなく好きだ。温泉を注いだ鍋に、とうふを浮かばせて火にかけると、とろとろな湯どうふになる。重曹が入った温泉がとうふを溶かす。いずれにしても良い仕事をする重曹だ。とうふが溶けだした汁は豆乳でそもそも栄養価は高いが、温泉湯どうふは温泉のミネラル成分も入っているため、その効果も倍増。湯どうふのとろとろ感を楽しみ、汁もググッと飲み干す。1滴も無駄にしない完全な栄養食である。

鍋に温泉がなみなみ入っていて、四角いとうふが浮いている。火にかけて2分、3分、5分を過ぎたくらいにとうふの角が取れる。

あつあつのとうふに刻んだネギと鰹節をたくさんのせてタレをつけ口の中へ。とろろんっと、とけてゆく。

箸で持ち上げられないやわらかさ。とうふを食した後に、タレとご飯を入れて作る豆乳雑炊も、またまろやかで滋養料理だ。

あつあつの湯どうふを「ふぅふぅ」言いながら口にするのが一般的だろうが、案外、冷めてからでも美味。

「嬉野では洗濯にも温泉を使っていたし、料理にも使用していた。ふと、湯どうふにも温泉を試した時に、あまりのとろけ具体に驚いた。食べてみるとクリーミーでやわらかい。そこで名物となった」と、かなり前に嬉野の人から聞いたことがある。

旅館によっては朝食で湯どうふを出すところもある。タレの種類はいろいろで、ゴマダレもあれば醬油ダレもあり、その辺りは旅館の特色が出る。

九州には「おんせん県おおいた」もあれば、世界一のカルデラを有する「火の国熊本」もある。〝おいどん〟の薩摩は石を投げたら温泉に当たるほど温泉率が高い。それらの湯どころには水戸岡鋭治《みとおかえいじ》さんがデザインされたJR九州の観光列車を使えば愉快に旅ができる。

それなのに、なぜ私は佐賀に通うのか。それは佐賀が人に優しい温泉地を目指しているから。特に嬉野温泉は「足腰の弱ったご高齢の方から車いすを使う方まで、どんな身体の状態の人にも温泉で寛いで欲しい」という気持ちから、「大正屋《たいしょうや》」や

「椎葉《しいば》山荘」をはじめとする14軒の旅館にバリアフリールームがある。

「佐賀嬉野バリアフリーツアーセンター」がお客さんと旅館のコーディネートや入浴介助の窓口となり、旅館のバリアフリールームを紹介してくれる。

温泉入浴介助制度があるのも特筆すべきこと。2人の入浴介助人が付くサービスがある。

「入浴介助で久しぶりに温泉に入られたお客さんは、とろけるような顔をされるんです。それを見た娘さんが、『父がまた温泉に入れるなんて』と涙ぐまれるんです。給料は安く、休みもないけれど、現場では感動の瞬間がたくさんあるんですよ」とセンターの方が話していた。

温かい泉と書いて、温泉——。

そこに人の温かさも加われば、どんな人も楽しめる温泉となるのだ。


（2017年5月掲載）

コロナ禍で頑張る若旦那たち

（佐賀県・嬉野温泉）

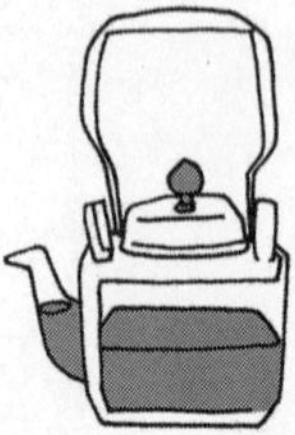

「この高台に立った時に、素晴らしい景色と空間だと思いました」とは、佐賀県嬉野温泉で最も古い旅館「大村屋《おおむらや》」の北川健太《きたがわけんた》社長だ。

北川社長に案内して頂いたその高台からは温泉街を見下ろせる。茶畑に囲まれ、白木の板が張られた30畳ほどのスペースに座ると、目線がお茶の木と同じ高さに。茶葉の匂いが立ち込める。茶どころである嬉野の風土を体感できる抜群の環境だ。

これは「茶空間体験」といい、天茶台でお茶をいただけるのが、嬉野ティーツーリズム。嬉野温泉を度々訪ねているが、やはり嬉野茶はどこで出されても大変美味。取材中に出されるお茶、お土産物屋さんでの一服で出されるお茶、どのお茶も口に含ませるととろけ、渋味が残る。おいしいお茶とは風味が口に漂うものだと嬉野で知った。お茶をこの環境でいただけるなんて、なんという至福の時間だろう。

2017年から実施している嬉野ティーツーリズムのリーダーが北川社長だ。

「2020年12月は、ティーツーリズムにより、1軒のお茶農家が500グラムのお茶に対し48万円の収入効果があったそうです。通常の出荷で50万円の収入を得るには、50キロのお茶が必要ですから、これはもうエポックメイキングです。お茶農家が助けられるということは、嬉野に茶畑も残るということです。いま茶空間は4か所あり、5か所目を設置中です。お茶農家は7軒ありますので、全ての茶畑に茶空間を作りたいと思っています」

コロナ禍により苦難を強いられた温泉地や旅館の話題が報道されるが、嘆いている経営者ばかりではない。北川社長のような若手経営者がこれまでの温泉地や旅館を変えようとしている。

コロナ蔓延前から始まったティーツーリズムは、さらに注目を集めている。

また北川社長は、「佐賀の暮らし観光」を提唱している。「集客のために大きな箱モノを作ることはせずに、嬉野で暮らす生活を普通に見せ、また嬉野で暮らす人と交流を持って欲しい。そんな町づくりをしたい」という思いからだ。

その交流の場として、かつて佐世保《させぼ》の造船会社の保養所だった建物を購入し、「リバーサイドハウス」と命名。現在はイラストレーターと陶芸家の夫婦が暮らしながら、2人の制作工房にもなっており、1階でコーヒーショップも運営している。玄関にはコーヒースタンドがあり、古本を販売している。靴を脱ぎ建物に入ると30畳の大広間がある。

「嬉野温泉は、若い人が自由に活動できる場所がなかったんです。空き家もなければ、広いスペースもない。交流人口を増やしたかったのですが、この『リバーサイドハウス』でようやく実現しました」

そう語る北川社長。この先、「リバーサイドハウス」にある大きなキッチンを才能あるシェフに提供したいと考えている。

「期間限定のレストランとか、いいですよね。才能があるシェフでも、いきなりの独立は難しいでしょうから、ここで試してもらいたいです。佐賀は器の産地ですから、器選びも意識した料理を出して欲しいです。文化のパトロンになりたい」

嬉野温泉にはもうひとり気鋭の経営者がいる。「和多屋《わたや》別荘」の小原嘉元《こはらよしもと》社長だ。

小原社長が取り組む「サテライトオフィス」は旅館の一室をオフィスに貸し出すというもの。これは、嬉野市が企業と立地協定を結び、県と市が補助するため、月に17万5000円で借りることができる。「旅館が不動産業をやるわけではない。共に嬉野の未来を切り拓いてくれるパートナーに入って頂きたい」と言葉に力が入る。最近は1万5000冊もの本を揃えた「BOOKS & TEA 三服《さんぷく》」も完成した。

温泉地の若旦那たちの元気なアイディアを聞きながら、やはりおいしい嬉野茶を飲んでいる。小腹を満たすのは、絹のようなとろける食感の「大村屋プリン」。「大村屋」の夕食のデザートでも食したが、おやつにもよし。抹茶もコーヒーにもあうプリンだ。

今は改良されて、「大村屋牛乳プリン」というネーミングになった。ナカシマファームの朝搾りたての牛乳を使い、なめらかな舌触り。蜜をかけ、ほのかな甘みと苦みの塩梅が絶妙と評判だ。「搾りたての生乳になったことで、なめらかさと濃厚さが増したと好評です」と北川社長は笑顔だ。

（2021年5月掲載）

マグマの音が聞こえてくる唯一無二の鉄輪温泉「地獄釜」料理

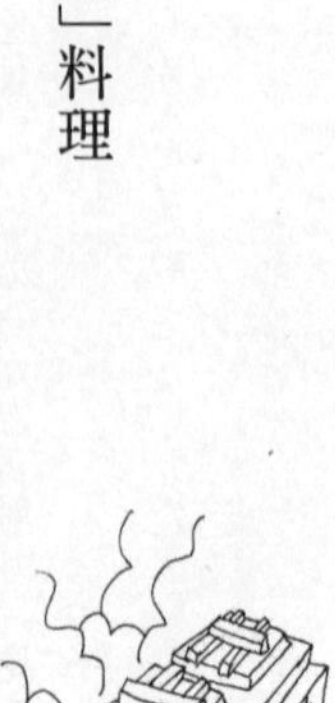

（大分県・鉄輪温泉）

NHKラジオの年末特番での温泉中継が、毎年の仕事納めになっている。ちなみに「温泉とラジオ」は案外、相性がいい。密閉されたスタジオの音は乾ききり、そこに湿気のある温泉地からの潤いの音が混じるので、リスナーの耳に心地よく届くのだ。いつもその音の潤いにこだわっている。

一昨年（2015年）は大分県別府市からの中継だった。源泉数といい、湧出量といい、日本一の温泉郷である別府は、「別府八湯《はっとう》」と呼ばれる。泉質、歴史、風情の異なる8つの温泉の総称だ。

別府の人たちの多くは家の風呂に入らないという。馴染みの共同浴場があり、毎

日通うからだ。生活の一部となっている地元の人のお風呂に、観光客である私たちがお邪魔するというのが習わしで、ここではお客様主義は通じない。観光客より、地元の人の方が偉いのだ。

そんな地元の人と温泉の密なる関係を伝えたく、中継地に別府を選んだが、番組のオープニングはその中でも最も特色ある鉄輪《かんなわ》温泉にした。江戸時代から湯治場として栄え、今も長期滞在ができる湯治宿が残る。温泉街の道路の端の溝からは湯けむりが漂い、ほのかに暖かい。街全体が温泉で温められている。

私はマイクを片手に、温泉街から細い路地を入った個人宅の庭にいた。「ごおぉ〜、ごおぉ〜」と激しい蒸気の音がする噴出孔の上に櫓《やぐら》が組んであり、真ん中にはゴザがかけられている。ゴザを取ると釜があった。

「これは『地獄釜』と言ってね、100度近い高温の温泉の蒸気を使って調理するんです。この上に鍋を置いておけばなんでも作れる。あんたたちが来るって言うから、牛筋を煮込んでたわ、食べていって」と、おばあちゃんが出迎えてくださった。

金色のアルミの大鍋いっぱいに牛筋肉と卵とジャガイモと麩が入っていた。茶色の染まり具合をみると相当煮込んだようだ。

牛筋を口に入れると、とろっとろ。牛筋ってこんなにやわらかくなるの？　ラジオの生放送中だというのに、言葉を失った。近くにいたディレクターが慌てて私に指示を出す。我に返り、レポートを続けようと、もう一口牛筋を食べた。今度は味の染み具合の妙に驚き、また喋れなくなった。

数年前の同番組でも名湯で同じことがあった。「気持ちよすぎて、喋れません！」と生放送で言って、黙ってお湯に感じ入った。当時の番組スタッフに会うと必ずこの話題が出るが、今回も仕方なし。おいしいものは、味わうのが先である。

「高温で一気に蒸し上げるので、素材本来のおいしさが引き出される」とは、別府観光協会の人からの説明だった。

いや、そんな簡単な説明で済まないはずだ。温泉風味というか、独特な香りというか、塩味だけでないミネラルの風味。おばあちゃんの家の庭に吹く風も、おばあちゃんの人柄も、それら全てが食欲をそそる最高のスパイスだった。それは名旅館でいただく料理とは全く異なるもの。

おばあちゃんは全ての料理を「地獄釜」で行うのだという。

「サツマイモやジャガイモは30分でおいしくなるし、もち米蒸すし、おでんもね、鍋に具を入れてほっとけばできあがり」と笑った。

鉄輪温泉では観光客に向けた地獄蒸しをやっているが、おばあちゃんのように自宅で「地獄釜」を持つ人は今は少なくなったそうだ。思い返せば……似たような体験をした。どこかで食べた味……。

これまで32か国の温泉を訪ねたうち、ニュージーランドで温泉町として知られるロトルアだ！　先住民であるマオリ族が温泉で暖を取り生活をしてきた。

マオリの人たちが暮らす村を訪ねると、鶏丸々一羽を地熱で蒸したというご馳走を出してくれた。骨からの身離れがよく、ほろほろに肉がほどける。ソースを出されたが、そんなものはなくとも、ミネラルの不思議な風味があるから、何もつけない方が旨かった。

別府のおばあちゃんの手料理も、マオリ族の料理も、強烈な温熱で素材をやわらかくし、天然ミネラルが最高の隠し味となり、唯一無二の味を出していた。

目をつむり、ゆっくりと嚙みしめる。すると「ぐつぐつ」と煮えたぎるマグマの音が聞こえてくるようだ。

（2017年7月掲載）

豪雨災害を乗り越えた名物「鮎料理」

（熊本県・人吉温泉）

ゆるやかな水の流れを見ていると、気持ちが落ち着き、心が潤う。悠久なる水辺の風景がどれほど心理的効果を及ぼすか、くっきりと認識したのは、熊本県人吉《ひとよし》温泉「清流山水花　あゆの里」でのことだった。

目の前を球磨《くま》川が流れる。その川沿いに、人吉温泉が湧く。夏になると球磨川で鮎釣りをする人々の姿が名物で、私のお気に入りの宿の名も「あゆの里」。鮎以外に、球磨焼酎も有名。球磨川の水流が人の生活を満たしている。

その球磨川が氾濫《はんらん》してしまったのが2020年7月の豪雨災害。人吉温泉は土砂に飲み込まれた。

1年ほどの休業の後、この夏にグランドオープンした「あゆの里」を訪ね、若女将の有村友美《ありむらゆみ》さんから旅館再開までの話を聞いた。

災害から1年経っても、町には痛々しさが残っていた。整備された場所も多いが、一部の放置されたビルは廃墟となり、土砂がそのままになっていた。

友美さんが「人吉はうなぎもおいしいんですよ。いつもは長蛇の列ですが、いまなら」と、瓦屋根が特徴的な「上村うなぎ屋」に連れて行ってくれた。1908年（明治41年）の創業から100年以上続く。午前11時半のオープン早々だからすぐに入れた。ここも再開したばかりという。

注文が入ってから人吉球磨産の炭で焼き上げ、出てくるまで30分かかった。待ちに待ったうなぎが到着。お重を開けると、そこには肉厚のうなぎがどどんとある。その厚さといい、一切れの大きさといい、箸で持ち上げるのに力が入る。身はふっくらしており、弾力もある。しっかりと焼いた後に、秘伝のタレに潜らせていて、かりっとした焦げ目に甘じょっぱいタレが染みている。甘味が特徴的なタレは、やみつきになるし、ご飯が進む。お重にタレのポットもついてくるので、自分で足せる。気前がいい。

帰りがけにお店の人に「再開おめでとうございます」と声をかけると、「4・5メートル浸水したんです」とすさまじさを話してくれた。外に出ると、お店の前に長蛇の列ができていた。

「上村うなぎ屋」から目と鼻の先にある「あゆの里」に入り、修繕されたロビーで球磨川を眺めた。この日の球磨川は私の記憶にある穏やかな川で、災害時の暴れようは、とても想像できなかった。

「雨が降り始めたのは午前7時過ぎで、ほんの1時間半で2・5メートル浸水しました。お客様は100名お泊まりでしたので、いち早く4階に避難して頂きました」と友美さん。ロビーの柱には、浸水した位置を記す黒い波のマークがある。「あまりにあっという間のことで、お客様は何もおっしゃらずに、ただただ外をご覧になっていました」

休業中はじっくり考える時間に充《あ》てたという。

「自然は壊れてしまうことを豪雨災害で痛感しました。壊れない人吉の歴史を宿のブランドコンセプトにし、人吉球磨を最大限に愉しめるプラットフォームになろうと思っています」

それを具現化したひとつが料理だ。もちろんこれまでも人吉名物は出していたが、休業中に食材の探求もしたそうだ。

人吉温泉の旅館は全て、鮎料理を出す。調理方法にそれぞれの宿のこだわりがあり、「あゆの里」では刺身と天婦羅にして出すことにした。天婦羅はブレンドしたごま油で揚げてあり、運ばれてきた時からその香ばしさに鼻が魅了され、頭から尻尾までいただけるので、バリバリと嚙みしめる軽快な音に心弾んだ。あおさ海苔の塩をつけていただいたが、海苔とごま油の風味があうこと。ちなみに、朝食に出された鮎の甘露煮は、ほろほろにやわらかくなっており、熱々のご飯と食した。他に、人吉特産のたもぎ茸が入った鍋もある。メニューや食材が書かれた解説書も用意されている。

たもぎ茸は生活習慣病や肝障害、がん、感染症の二次障害予防と改善が証明され、「万能薬きのこ」と親しまれているそう。人吉の郷土料理「つぼん汁」は秋祭りの膳のひとつで、「壺の汁」が由来。そんな解説を読みながら、豪雨災害を乗り越えた「あゆの里」の料理を堪能した。

（2021年11月掲載）

友人のふるさととチキン南蛮

（宮崎県・青島温泉）

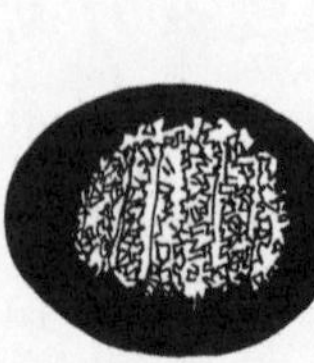

親しい人が生まれ育った土地を身近に感じることは、よくあることだろう。私は宮崎がそうだった。
温泉取材で訪ねる機会が少なかった宮崎は、宮崎を故郷にもつ友人と宮崎の郷土料理をいただきながら、友人の話を通して知るようになった。
出会って15年――。身長は１９０センチ近くあり肩幅も広いその友人は、いつも日に焼けている。笑うと「ニカッ」という音が聞こえてきそうで、人懐っこい男性。
昨年（２０１９年）の3月上旬に、何年かぶりに宮崎を訪ねた。東京を出てくる時は冬のコートをまとっていたが、宮崎空港に降り立てば不要だ。移動の車中ではアスファルトからの照り返しが眩しく、まともに目をあけていられない。道端にはヤシの木が並び、葉は空に向けて両手を広げている。東南アジアのようだ。

青島温泉を引く「ANAホリデイ・イン リゾート 宮崎」の大浴場は全面ガラス張りで、窓越しに見える大海原はどこまでも碧《あお》い。温泉に身を委ねると、強アルカリのお湯特有のとろみがあり、のんびりとさせてくれた。ここも海からの照り返しは眩しい。けれどこの光に包まれることは尊く思えた。私のふるさと越後は、この時期はまだ雪も残り、春には遠い。雪国で生まれ育った私からすれば、この光は恵み以外のなにものでもないのだ。

翌日は、高千穂《たかちほ》に向かう。

途中、高千穂神社や高千穂峡への拠点である延岡《のべおか》で昼食を摂った。延岡の「直ちゃん」は、チキン南蛮発祥の店として知られている。超人気店ということで、長蛇の列を覚悟していたが、オープン前のタイミングで到着したため、5分ほどで店に入ることができた。香ばしい匂いが漂う店内には白木のカウンターがあり、席は20席ほどで、こぎれいにしてある。

チキン南蛮と言えば、揚げたチキンにタルタルソースがたっぷりとかかっているものを思い起こすだろうが、「直ちゃん」においてはタルタルソースはない。揚げたチキンに甘酢がかかっているだけで、見栄えはいたってシンプル。茶色い揚げ物に白いソースのないチキン南蛮は、ちょっと拍子抜けする。

一口嚙むと「サクッサクッ」と、まず音を愉しめる。両方の頰に甘酸っぱさが広がり、揚げ物が重たく感じない。サクサクッとした後に、さっぱりするという感じ。「ご主人が洋食店で修業していた時に、鶏のから揚げに甘酢をかけたまかない料理がおいしかったので、チキン南蛮を出す店をオープンしたんですよ」と延岡の方が教えてくれた。小麦粉をまぶした鶏肉を高温で揚げている最中に、卵の黄身を鶏肉にかけていくのだそう。揚がってから、油を落として、それから甘酢に通す。この「直ちゃん」でしかいただけないチキン南蛮を、いまこうして原稿にしていると、無性に食べたくなってきた。

宮崎では高千穂神社やさざれ石がある大御《おおみ》神社、芸能の神として知られる天鈿女《あめのうずめの》命《みこと》が祀られる荒立《あらたて》神社も参拝した。宮崎には神話が多く残っており、土地そのものに宿る荘厳さも目の当たりにした。

今年（2020年）に入ってからその友人に会った。冬でも日焼けをして、くしやっと笑う。その笑顔が太陽に見えた。そう、あの燦燦《さんさん》とした太陽を浴びて育った宮崎の人なのだ。

この時も、宮崎のソウルフード「宮崎魚《ぎょ》うどん」を教えてくれた。漁師町の伝統料理だそうで、小麦粉は使用せず、魚のすり身を練った麺。「麺が出汁なんです。少し置いておくとスープがおいしくなりますよ。糖質制限している私が食べられる麺」と友人。1杯82キロカロリーとそのもの。麺の形をした魚のすり身なわけだから、スープの中に麺をそのまま5分ほど置くと、確かにスープに深みが増した。

人を通して、土地を身近に感じるのは素敵なことだ。友人に出会っていなければ、宮崎にこんな親しみを抱くこともなかっただろう。

友人とは、衆議院議員の武井俊輔《たけいしゅんすけ》さん。私が出会ったのは、武井さんが宮崎交通や楽天に籍があった時期だ。そんな経歴から、武井さんは観光業の推進に力を入れている。いまも新型コロナウイルスの猛威で苦境に立たされている観光業の皆さんを救おうとしている。

（2020年5月掲載）

鹿児島のソウルフード「ざぼんラーメン」

（鹿児島県・鹿児島市の温泉）

温泉旅館に泊まれば夕食は宿で摂る。どこからか、「山崎さんはよく食べる人」という評判が広まり、名産、名物をたんと用意して待っていてくださる。そのお気持ちはとても嬉しく、期待に応えてほとんど残さないのが私のモットー。ただ旅館料理はお客様へ提供する、いわば「ハレの膳」。一方で、その土地の人が日常的に好んで食べるものも体験したいのが本音だ。

２０２１年12月、この年３度目となる鹿児島へ出かけた。鹿児島市は２０２３年の「かごしま国体」開催に向けて、ユニバーサルツーリズムに取り組み始めたところだ。私の目的は市が実施するユニバーサルツーリズムモニターツアーの取材で、車いすユーザーの女性に同行した。奄美《あまみ》大島を体感できる「奄美の里」では、大島紬の技にも触れられる。ハートフルなもてなしは奄美ならではとのことだ。

この晩は、目の前に錦江湾《きんこう》と、その先に桜島を望む「鹿児島サンロイヤルホテル」を予約していた。学生の頃に読んだ向田邦子のエッセイ集『眠る盃』で、ホテルから眺めた桜島の描写が忘れられなかったからだ。

ホテルに到着した時は既に暗く、桜島を拝むことができなかった。夕食は予約していなかったので、女性スタッフに「夕食は外で食べたいが、地元の人が行くお店を紹介して欲しい」とお願いした。すると定食屋と担々麺がおいしい中華料理店、鹿児島の人が好む「焼肉なべしま」を挙げてくれた。

そして、遠慮がちに「あと……、地元でも好みが分かれますが……」と前置きしてから、「鹿児島なら誰もが知る『ざぼんラーメン』の本店がすぐ裏です。徒歩2～3分です」と教えてくれた。

こういう場合、控え目に紹介してくれた店が実は本命というのは、数々の経験から知っている。私は「ざぼんラーメン」を食す自分が思い浮かんだ。恍惚の表情をしている。それを察知してか、「丼の底に濃いスープが溜まっていますから、底から麺を持ち上げて、濃いスープを絡めて食べてください」と丁寧に食べ方まで教えてくださった。

確かに裏道を2分ほど歩くと、赤い蛍光色で「ざぼんラーメン」と書かれた看板があった。店に入ると豚骨の香りが漂う。店内の中央に調理場、囲むようにカウンター席、その周りに4人がけのテーブル席が並んでいる。

席に着くなり、愛想のない店員さんがニンニク入りのポットと大根の浅漬けと小皿を持ってきた。周囲を見ると皆、大根の浅漬けを食べながら、ラーメンが出てくるのを待っている。さっぱりとした大根は口の中を爽やかにし、濃いラーメンへの準備運動となった。

「ざぼんラーメン」が出てきた。丼いっぱいに、なみなみと白いスープが注がれ、キャベツともやしと焦がしネギがこんもりと盛り付けられている。箸で底を探ると、やはり醤油色をした濃い汁が浮かび上がってきた。

丼の底から麺をすくい上げ、レンゲに入れると、白いスープが醤油色に染まり、いい塩梅《あんばい》に。ぶわ〜んと豚骨の匂いが鼻孔をくすぐる。口に入れると見た目以上にパンチがきいたスープだった。麺と野菜と焦がしネギがハーモニーを奏で、スープと調和しつつ、豚の脂が口の中を漂う。大根の浅漬けも食しながら、見事に完食！

現地で食べるソウルフードというのは、忘れられない味の記憶となり、その味を求めて出かけるほどの吸引力がある。まさに、「ざぼんラーメン」がそうだった。

翌朝、向田邦子が描写した風景を探しに展望風呂へと向かう。

大浴場正面のガラス越しに、堂々たる構えで桜島が鎮座する。朝日を浴びた桜島は峰の筋が光り、陽光は錦江湾をも照らし、黄金色の風景の中に桜島が浮かんでいるようだった。手前には街並みが広がり、そこには人の暮らしが広がる。向田邦子の描写を反芻《はんすう》しながら入浴した。

ずっしりした重量級の塩化物泉。じんわりじんわり足の爪先まで温まる。あっという間に顔に汗がにじむ。

ところで、鹿児島に暮らしていたこともある向田邦子は「ざぼんラーメン」を食していたのだろうか、気になる。エッセイを読み直してみよう。

（2022年3月掲載）

魅惑の温泉食パン

（鹿児島県・霧島温泉）

忘れられない体験がある。

鹿児島県霧島《きりしま》温泉郷の丸尾《まるお》温泉「旅行人山荘《りょこうじんさんそう》」で、大浴場「大隅《おおすみ》の湯」に入浴中――。

いつもなら、遠くに桜島と錦江湾、鹿児島市の街並みが見渡せる露天風呂だが、この日は土砂降りだった。でも一転、雨が止み、霧がかかったが、それもたちまち消えた。瞬く間に、すっと光が射してきた。空から注がれる光が鹿児島市の街を照らす光景は、いまにも神様が舞い降りてきそう。そう、『古事記』の「天孫降臨《てんそんこうりん》」の神話を彷彿とさせたのだ。

霧島温泉郷とは、日本で初めて国立公園に指定された、雄大な霧島連山の南西に点在する温泉を指す。標高600〜850メートルの間に丸尾温泉や西郷隆盛が愛した日当山《ひなたやま》温泉、妙見《みようけん》温泉など9つの温泉地があり、泉質もバラエティに富む。ちなみに「旅行人山荘」は源泉2本を所有するので、同じ宿にいながら、「単純泉」と「硫黄泉」の入り比べができる。さらさらな単純泉と、軋《きし》む感じの硫黄泉は、たとえ温泉に入り慣れていなくとも、その違いは明確だ。

今年（2021年）3月に鹿児島県霧島温泉郷を再訪すると、霧島市役所の方が「山崎さん、話題のパン屋さんがあるんです」と連れて行ってくださった。

閑静な住宅街にある駐車場に車を停めると、渋いコーヒーと甘いパンの香りがして、気持ちが和らいだ。女性が好みそうな木造の可愛らしいカフェ風のお店に入ると、手前にショップ、奥にカフェスペースがある。

2014年5月に開業した霧島市隼人町《はやとちよう》にある「ブランジェリ ノエル」は天然酵母の使用を掲げ、目玉商品は「ひなた山温泉食パン」。人が良さそうなご主人の津崎清二《つざきせいじ》さんが現れた。パンを作るには小麦粉と水と塩が必要だが、温泉を使おうと思ったそうだ。

「温泉と小麦粉との相性が本当に難しいんです。温泉成分によって硬くなったり、パサついたり。例えば炭酸成分が多く含まれると、膨れすぎてしまいますが、重曹が入っているとわりとうまくいきました」

湯の郷・霧島では、試してみるには豊富すぎる源泉がある。

「各地の温泉をさんざん試してみて、結局、もっちりふっくらに仕上がったのが、うちの店の隣にある日当山温泉の源泉でした。温泉をいただいている温浴施設の社長に、『100点!』と言われるまで、半年間、休日返上で試作しました。170〜180回くらい試したと思います」と満面の笑みで話す。もともと和菓子屋の息子として育ち、父親から「いい素材を使わないと、いい商品は生まれない」と聞いて育ったそうだ。優しそうな表情をしながらも、熱い語りが止まらないのは職人の血を引いているからだろうか。

実は温泉食パンは、店のオープンには間に合わなかったが、2014年の暮れに完成した。すると大きな評判を呼び、いまでは看板メニューに成長した。

その後も改良を重ね、安定して温泉食パンを作れるように、あらかじめ小麦粉と温泉を配合したパンの元「湯だね」も開発した。訪ねた時は、「霧島はお茶の産地としても知られていますので、お茶風味の食パンを作りました」と、新たな商品を持って来てくださった。

選んだ茶葉について訊くと、「いろいろと試してみて、有機栽培のお茶ペーストを使いましたが、改良中です」とこだわりを見せる。

パッケージには奥様が描いたという西郷隆盛のイラストが載っている。お店のコーディネートも奥様のお仕事というから、職人気質の津崎さんの作品に、奥様が花を添えているお店なのだろう。

お茶が入った萌黄色の生地の食パンを試食すると、お茶の香りが鼻に抜ける。噛みしめると甘味が溢れ出す。噛み終えると、お茶の渋味が残った。やわらかな食感と甘味のみが記憶に残る従来の食パンと比べると、なんて斬新なんだ！

酸いも甘いも噛み分けた、「大人の食パン」とでも言おうか——。

あの日、舞い降りてきたかもしれない神様にも食べさせたくなってきた。

（２０２１年６月掲載）

大隅半島、食べまくったら閃いた

（鹿児島県・志布志市の温泉）

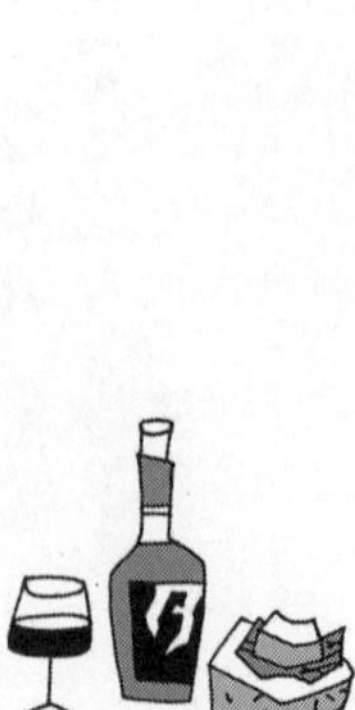

このところ九州づいている。コロナ禍といえど、2021年は九州に4回行った。福岡1回、鹿児島に3回。霧島を3月に訪ね、11月は大隅《おおすみ》半島、12月は鹿児島市へ。全て観光行政からのご依頼で、いずれも視察をしてアドバイスを求められた。観光業に対する九州の力の入れようは他の地域とは一線を画す。

湯どころ鹿児島には、霧島連山の麓に湧く霧島温泉郷、西郷隆盛が愛した日当山温泉、砂蒸しで知られる指宿《いぶすき》温泉、海を見渡す山川《やまかわ》温泉があるが全て薩摩半島であり、大隅半島では桜島訪問と垂水《たるみず》市の温泉に入った記憶しかない。

今回はまず大隅半島北部の志布志《しぶし》市へ向かい、その後、錦江湾方面へ戻り鹿屋《かのや》市と垂水市に立ち寄るという2泊3日の行程。駆け足ではあるが胃袋を満足させる旅となった。

案内してくださったのは、大隅半島のブランド構築をするために大隅エリアの4市5町が結束し、2018年に創設された「おおすみ観光未来会議」の原添耕作《はらぞえこうさく》さん。原添さんは鹿屋市役所から出向されている行政マンで、案内がスタートして間もなく、「大隅半島は一次産業が盛んですから、観光に関してはこれからです」とおっしゃる。

国内最大級の溝ノ口洞穴を訪れ、山宮神社では国指定天然記念物の大クスを見上げ、宮司さんから、春祭りで奉納される正月踊りについて話を伺った。

夜は志布志の市役所の方が居酒屋風の店に連れて行ってくださった。気軽に入れる店でありながら、鶏の刺身の新鮮さといったら。こりこりっとした歯ごたえのずり、もっちりとした肉感のささみやもも肉の刺身には、全く臭みはない。他にも首肉のせせりを使ったチキン南蛮も愉しみ、〆はもつ鍋で大満腹。

こうした食事をしながら、この地域の宿泊施設の形態を訊ねると、高価格帯の宿はないという。富裕層を迎えるには難しいかもしれないと私は思った。

この晩は、「国民宿舎ボルベリアダグリ」に泊まる。志布志湾を眺めながら、炭酸水素塩泉のとろとろなお湯に感嘆。まるでうなぎをつかんだかのような触感だ。確かに、ただ、ここは地元の皆さんの憩いの場所も兼ねており、雑多さは否めない。富裕層を迎えるタイプの宿ではない。

2日目のランチは鹿屋市の焼き肉屋でハラミ丼を食した。ご一緒した方々はローストビーフ丼と豚バラ丼。それぞれ1500円。安い！ おいしい！ ボリューム感！の3拍子が揃うとは、さすが大隅半島。原添さんが「肉は道の駅で購入できますよ」と教えてくれた。

2泊目は鹿屋市で、雑居ビルをリノベーションした面白いホテル「KOTOBUKI HOTEL」に宿泊した。夜は町の飲食店に出て欲しいというオーナーの考えで1泊朝食付き。その朝食が話題になっているという。ベーカリーやチーズ工房と経営母体が同じとのことで、2軒隣のベーカリーで朝食を摂った。和食とスープセットと「自家製ハムと無花果《いちじく》スイートポテトのオープンサンド」から選べるが、「チーズがお好きなら」と店員さんに勧められ、オープンサンドセットにしたら、大正解。甘いサツマイモのソースに芳醇な無花果の風味、アクセントとして自家製ハムと自家製チーズの塩っ気が、パンの上で豊かなハーモニーを奏でていた。さらにリコッタチーズやスカモルツァなど、数種類のチーズも小皿に出てきた。どのチーズも恍惚とさせる旨さ。旅館に泊まると和食が続くから、2泊目の朝にこうしたおいしいパンやチーズに出会えると、私は興奮する。

原添さんに「富裕層のお客さんを呼ぶには、高価格帯の宿泊施設を」という趣旨を車中で話していたが、このチーズを味わいながら、ふと「ワインがお好きな人は大隅半島を気に入るだろうな」と思った。

ならば豪華な料理を出す高価格帯の宿泊施設よりも、お客が調理できるキッチンが付いた、居心地よく、1棟貸し出しの宿泊施設がいい。ワイン好きの方々なら、お気に入りのワインを持ち込みつつ、ご自身で地元のチーズやパン、肉を買い込み、調理しながら、存分に飲み、食べ明かすのではないか。大隅半島は素材そのもので富裕層を集客できるのではないだろうか。

（2022年1月掲載）

心づかいの宿でいただく名産品料理
「いぶすき秀水園」

（鹿児島県・指宿温泉）

この日も太陽の光は強かった。

東京の自宅から約6時間かけてやってきた鹿児島県指宿駅で迎えてくれたのは、ソテツの木と浦島太郎のイラストが入った大きなオブジェ。指宿には竜宮伝説が残っているのだ。

目的の「いぶすき秀水《しゅうすい》園」に到着すると、玄関正面の8畳ほどの広さの間に仲居さん4人が並び、手をついて迎えてくれた。ロビーの奥では手入れの行き届いた日本庭園を見渡せる。緑濃き枝を広げる松の木の下には芝が敷き詰められていた。

仲居さんに案内して頂いて部屋に着くと、入口に「山崎様」という文字の左斜め下に小さく「(客室係) 孝子」と表記されている紙が貼ってあった。私の部屋には仲居の孝子さんが付いてくださるようだ。古き良き習わしが残る旅館だ。

ほど良き頃、孝子さんが部屋に迎えにきて、夕食処の個室に案内してくれた。

和室にいすとテーブルが用意され、真っ白いクロスで覆われたテーブルの上に、すでに先付があった。黒い盆の上に和紙が敷かれ、美しい青磁の器などの小鉢が並び、ちょこっと料理がのっている。その品の良さに、懐石料理とはまずは目で味わうものだったということを思い出す。

その中に「オクラ擂《す》り流し」があった。どうやら擂りおろしたオクラに和風だしがあわさっているようだ。さらりとした味なのだろうと思って口に含ませると、青々とした香りがして、味が強い。それに勝るとも劣らずに出汁のかつお風味も濃い。見た目と違いタフな味だ。

孝子さんに聞くと、「指宿市はオクラの生産量が日本一ですし、お隣の山川地区はかつお節生産量日本一です」と教えてくださった。名産のコラボレーションなら、そりゃ、味にパワーを持つはずだ。納得。

私が満悦している様子を見て、孝子さんは「冬になると (指宿地区では12月から

5月にかけて)、そらまめも日本一の生産量なんですよ」と付け加えてくれた。

次に供されたのは、鯛や車海老や烏賊が並ぶ御造り。醤油は、かつお出汁風味の醤油と普通の醤油の2種類が用意されている。

そのほか、鹿児島名物キビナゴの刺身や黒豚もいただく。

コース終盤に、秀水園名物「あわび素味噌焼き」が出された。アワビの殻を器にして、サイコロ状にカットしたアワビの具が盛られ、上にクリーミーな味噌がたっぷりとかけられている。一度口に入れると、甘みとコクとほのかな酸味のとりこになって、一気に食べきった。口の中にはいつまでも香りが残った。

なんておいしいんだ!

翌朝、湯通堂温《ゆつどうあたか》社長に食事の感動を伝えると、嬉しそうに微笑みながら、旅館として心がけていることを話してくださった。

チェックインの際に、お客の苦手なものを聞いて「料理変更伝票」に書き込むのだそうだ。伝票はフロントから板場、専属の仲居へと回る。その伝票はメモサイズの小さな用紙だが、黄色く、注意をうながすようになっているという。

私が「あわび素味噌焼き」が気に入ったと告げると、「それでしたら、『あわび素味噌焼き』と同じソースを使って冬に出している柿釜もお好きかもしれません」とおっしゃった。

柿釜とは柿の中身をくり抜いて器にし、柿と牡蠣を入れて味噌のソースをかけて焼くのだそう。そりゃ、おいしいに決まっている。冬の時期の再訪を心に誓った。

おっと、秀水園の料理があまりにおいしくって、温泉の話を忘れていました。指宿温泉と言えば、砂蒸し風呂を思い浮かべるだろう。秀水園から徒歩3分の立地に、砂蒸し体験ができる公共施設「砂むし会館　砂楽《さらく》」がある。

海岸に寝ころび、水分を含んだ重たい砂をかけてもらう。海の潮風を頬に感じながら、じっくりと温まると心臓がドクドクと音を立て始める。5分もすれば玉の汗をかき、15分が経ち、砂をかき分けて上がる頃には身体中の毒を出しきったかのように、汗が流れる。この爽快感がたまらない。驚くほどに身体が軽くなる。

つい食べ過ぎてしまった翌日には、もってこいだった。

（2018年10月掲載）

バリアフリー推進県の沖縄へ
口の中で泳ぐ太もずく

（沖縄県・南城温泉）

長い自粛生活に区切りがつき、県境を越えての移動のお許しが出た。少しずつ地方取材の予定を入れていたら、今度は東京都内で新型コロナウイルス感染者が連日3桁に。東京在住の私が地方取材に出かけていいのか、いくら仕事とはいえ倫理上、それを良しとするのか、悩む日々だった。

そんな中「第2波が来る前に、沖縄に来て欲しい」と依頼してくださったのは、「ＮＰＯ法人バリアフリーネットワーク会議」代表の親川修《おやかわおさむ》さん。

親川さんは、発達障害や自閉症などの子供たちのデイサービスや就労支援などを本業とし、福祉畑で得たスキルを沖縄県の観光に役立てたいと、「ＮＰＯ法人バリ

アフリーネットワーク会議」を立ち上げた方だ。那覇空港には「しょうがい者・こうれい者観光案内所」があるが、これも親川さんのお仕事。今年（2020年）は福岡空港にも「しょうがい者・こうれい者観光案内所」を開設され、バリアフリー観光の情報提供や車いすなどを貸し出し、情報誌『そらくる』も発行している。

沖縄県は観光バリアフリーの推進県である。2007年に「沖縄観光バリアフリー宣言」をし、〝誰もが楽しめる、やさしい観光地〟を目指して取り組んできた。

2020年度も観光業界向けに様々な状態のお客様の接遇を学べる、「観光バリアフリーセミナー」（初級・中級・上級）を実施している。LGBTや、食のアレルギー対策などのセミナーで、大半は親川さんが講師として受け持つ。

那覇から車で1時間弱の南城にある「ユインチホテル南城」は食のアレルギー対応に熱心だ。朝食会場入口付近には、「食材表示のお知らせ」の説明ボードが置かれてある。ビュッフェの全ての料理に、蟹、海老、落花生、卵、小麦、蕎麦、牛乳の7種類の食材が使用されているかどうかが絵文字で明記されている。まさに「食のバリアフリー」。さらに「ユインチホテル南城」にはねっとりとした塩っ辛い強塩泉が湧いている。地元の医療法人タピックグループが運営するこのホテルは、広いバリアフリールームに、貸し切り風呂もある。

滞在2日目は観光地のバリアフリーの現場を見学するために、那覇からぐんぐんと北上し、国頭村《くにがみそん》へ向かう途中で、お昼ごはん。掘ったて小屋風の簡素な建物に赤いのぼりを立てた沖縄そば専門店に連れていってもらった。昼時ということもあり、地元の人は短い滞在時間で、さっと食べ終えて出ていく。スープは「豚、鰹、塩の不動の黄金比」と掲示してあり、湯気とともにふわっと鰹が香る。透き通ったスープに麺が浮かんでいる。夢中でたちまち完食し、国頭村へ。

村の入口にケージのないふれあい動物園「ネオパークオキナワ」がある。広さは東京ドーム約5個分。アマゾン、アフリカ、オセアニアの動物たちがケージなしで自由に動き回っている様を、戦前まで沖縄を走っていた軽便鉄道を再現した車両に乗って見学できる。1周25分。車いすのまま乗車できるボックス車両もある。

次の目的地は「やんばる学びの森」。森歩きやバードウォッチング、川遊びなどのアウトドアプログラムが多数揃うが、目玉は車いすで散策できる全長670メートルの「ヨンナーコース」。地上3~6メートルに位置するルートからは鳥も木々も近く感じられる。北限にしか生息しないヤンバルクイナを見る2時間のツアーは、人が近づくことでヤンバルクイナを驚かせないために車移動。誰もが参加しやすい。園内の宿泊施設にもバリアフリールームがある。

朝食はオープンデッキでいただいた。目の前の山は標高500メートルの低山。世界遺産の候補地にある山々にはブロッコリーやカリフラワーにも見える琉球松がにょきにょきと生えている。ぬるくねっとりとした空気が吹き抜ける。目の前の「やんばるの森」に光が射した。この光景、この大気、あぁ沖縄だという体感で朝ごはんが特別なものになる。

旅の最後に、私の好物の太もずくを求めローカルな店に入る。もともともずくは苦手だったが、初めて沖縄の太もずくを食べた時の驚きたるや。

太もずくを箸で持ち上げると粘り気が強く、糸を引く様はさながら納豆のようだ。その粘りのせいで、もずくを小分けにできず、ごっそりと持ち上がってしまう。実に重たい。ぬめり成分はフコイダンという免疫力を高める効果が期待できそうだから、ま、良しとする。嚙みしめると、シャキシャキと音がする――のに勢いよく口の中で動く。もずくが口の中を泳ぐのだ。細いウナギを食べているみたい。変わらぬ太もずくの食べ応えに安堵した。

（2020年9月掲載）

番外編・海外

ビッグなアメリカ①
肉の塊がどんときた

（アメリカ・コロラド州・グレンウッド・スプリングス）

アメリカ・コロラド州の温泉に行ってきた。

コロラド州には、北米大陸を南北5000キロにわたり貫くロッキー山脈、通称〝アメリカンロッキー〟が鎮座する。最も高い山は標高4401メートルのエルバート山で、他にも4000メートル以上の山が53峰もある。

いろいろと大きかったなぁ。山のスケールが桁違いなら、ステーキもハンバーガーも、温泉もビッグ。「わぁお〜」と呟いてばかり。

コロラド州の玄関口、デンバー国際空港に到着すると、この旅を案内してくださる州政府観光局の女性Uさんが待っていた。とても小柄で華奢《きゃしゃ》な方。いかにも花柄が似合うUさんが、デカイ四駆を転がし、552マイル（約888キロ）大移動の女性2人の旅がスタートした。

まずは空港から3時間かけて、全米でも知られる温泉保養地のグレンウッド・スプリングスに向かった。コロラドにはホットスプリングスという都市もあるし、スプリングの付く地名がとても多い。「いまも入浴ができるかどうかは別として、飲泉も含めて、なにかしら温泉に関わりがある場所ですよ」とUさんが説明してくださった。

グランドキャニオンに続くという巨大な渓谷を縫うように四駆は走る。剥き出しの巨岩がグレンウッドのゲートとでも言おうか。洗練されたロッジと温泉プールがあるグレンウッド・スプリングスに到着した。

アメリカは日本の温泉入浴とは異なり、感覚的にはプールと言った方が近い。基本的には水着着用が義務付けられており、子供が浮輪を付けて遊ぶ姿もある。大人たちが寛げるようにと、子供出入り禁止ゾーンも設定されている。

ここには世界最大の温泉プールがある。子供用のプールは長さ123メートル、幅30メートル。大人たちが寛ぐプールは長さ30メートル、幅12メートル。この2つのプールは仕切りはあるものの、ひとつの菱形を成している。温泉の温度は子供用は32度、大人用は40度だった。

今年（２０１７年）で創業１２９年と歴史もあり、ルーズベルト大統領が入浴したプールとしても知られる。また先住民も温泉の熱を活用して洞窟内のミストサウナを使っていたという。プールの大きさを写真に収めようとしたが、どうアングルを変えても巨大過ぎてフレームに入りきらない。プールを一周するのに10分くらいかかったが、カメラ片手にぐるぐるとまわりながら悩み続けた。

入浴中の肌触りとか、入浴後の肌の仕上がりを感じながら入る間もないほど、プールから眺めた山々や人々の量感に圧倒された。ダイナミックな空気に酔いしれていると何時間でも過ごせる。それは日本の温泉情緒では決して味わえない、アメリカの温泉らしさなのだろう。

初日の夕食はグレンウッドの街中にあるレストランに入った。アメリカ１食目はやはり赤身ステーキを注文した。焼きはミディアムレア。肉の塊がどんと出てきた。

この肉のデカさを写したいと、傍にあったコップを比較対象として写真に入れようとしたが、あぁ、スケール感を伝えるのは難しい。

急いで撮り終え、食すと、やわらかい。旨い。ソースにはハラペーニョが入っていて、スパイシーさが舌に残る。大きなステーキも、飽きずに食べられたが、さすがに1皿をひとりで食べたわけではない。Uさんと分けてちょうど満腹。

以前、カリフォルニア州の温泉巡りの時に食べたステーキより、新鮮に感じるのはなぜだろうと思っていたら、Uさんが教えてくださった。コロラド州は「農園からテーブルへ」という言葉が定着しているそうだ。店員さんがやたらと、産地を解説してくれるのはそのためだ。目の前にある肉も近くの牧場が産地だという。なるほど！

隣にはクラフトビール専門店があった。「コロラド州ではクラフトビール全米大会が開催されるんです。スパイシー、ハーブ、チョコレート風味なんかもあります。これも山々からの新鮮で豊富な水があるコロラド州ならではの名物です」とUさん。景観も温泉もクラフトビールも、全てはアメリカンロッキーの恩恵だった。どこにいても山々の気配を感じていた。

さあ、2日目の朝は先住民が愛した洞窟風呂だ！

（2017年9月掲載）

ビッグなアメリカ②
コンビーフサンドをわしっと

（アメリカ・コロラド州・パゴサ・スプリングス）

6月にアメリカのコロラド州で温泉巡りを敢行し、初日はグレンウッド・スプリングスにある世界最大の温泉プールで泳いだ。

グレンウッド・スプリングスでは、先住民も温泉の熱を活用して洞窟内でサウナを利用していた。現在は設備を整え「ヤンパ・スパ」として営業している。

到着して翌朝に、ホテル敷地内の一角にある「ヤンパ・スパ」へ向かう。エントランスにはハーブらしき香ばしい匂いがした。水着に着替えて、洞窟への20段ほどある階段を下りてゆく。洞窟の中は大小4つのエリアに分かれており、それぞれにいすが置かれてある。いすに腰かけると、足元には56度前後の源泉が流れ、蒸気で洞窟内を熱くしていた。見上げると5メートルほどの高さに天井がある。人の気配はするものの、顔がはっきり見えるほどの明るさはない。

滞在5分、熱さで息が苦しくなってきた頃、子供を連れた家族が入ってきた。4〜5人も入れば狭く感じるスペースは、その家族と私で満席。やってきた家族のパパは背丈も大きく、威圧感があった。アメリカは人もビッグだなぁ。

スパから出ると、身体中の水分を絞りだしたようで爽快だった。ただ、標高も高く乾燥しているコロラド州では常にたくさんの水分を補給しなければならない。この時も、水をたくさん飲んでから次の温泉地へと向かう。

コロラド州は映画『明日に向って撃て！』に代表される西部劇の撮影地。荒涼とした地もあれば、ゴツゴツした山もある。移動中は西部劇そのものの風景に囲まれていた。

4日目のランチはサライダという標高2000メートル以上もある町でコンビーフサンドの名店に立ち寄った。ライ麦パンに玉ねぎなどの野菜とコンビーフが挟まれている。この旅はコロラド州政府観光局の日本人女性Uさんに案内して頂いているが、食事はアメリカ人のひとり分をUさんと2人で分け合うくらいがちょうどいい。コンビーフサンドも2切れあり、それを互いに1切れずつ。なんという分厚いサンド！　Uさんは分解して食べていたが、私は顎が外れるくらいに口を開いた。コンビーフは塩っ気が強かったが、高地で乾燥したこの町ではその塩味が旨く感じた。サイドディッシュはコールスローとカリカリのポテト。コロラド州での食事は、どれも野菜が新鮮でおいしかった。

店には、ライダー姿の男性3人がいた。インディアナ州から2000キロの距離をバイクで走っている途中なのだとか。身体の大きな彼らがコンビーフサンドを手にしていると、普通サイズ。軽々と3〜4口で食べ切った。ランチを終え、コロラド州の南に位置するパゴサ・スプリングスに向かう。パゴサとは先住民であるユート族の言葉で〝ヒーリングウォーター〟を意味し、この湯も先住民を癒してきた。

世界で最も深い地熱層から温泉が湧き出していることで、2011年8月にギネスに登録された。その深さは現代では測定する機械がないということで、正確な深さはわかっていない。どこまでワイルドなんだろう。

総湧出量は毎分300ガロン（1135リットル）。ここから引き湯して、2か所の立ち寄り入浴施設と大小23もの温泉プール、24時間入浴できるホテルで利用されている。泉質は硫黄泉で、血管拡張作用があるため身体がぽかぽかになる。深夜にホテルのプールに行くと、川風に吹かれながらアメリカ人が何時間も入っていた。高齢の夫婦が仲睦まじく、ご主人が奥さんのほっぺにキスする姿が可愛い。

印象に残ったのは入浴介助機がある風景。アメリカでは温泉やプールにはチェアーリフト（温泉入浴介助機）の設置が義務付けられている。女性スタッフは「うちのスタッフはフレンドリーだからね。足元が不自由なお客さんがいれば、男性スタッフがお客さんを抱えて温泉に入れてあげるわ」と微笑む。気持ちもビッグだなぁ。

パゴサは街の真ん中を流れる川沿いにホテルや立ち寄り入浴施設があり、小規模とはいえショッピングゾーンもある。

コロラド州は南側にニューメキシコ州があって、その南がメキシコだからどこでも手軽にメキシコ料理が食べられる。

パゴサの街中でコーラを片手にタコスを食べた。スナックのごとくパリパリと。口内を刺激するスパイシーさは、湯上りで暑くてぼんやりしていた身体にカツを入れられるようだった。私は日本では湯めぐり中にいちごポッキーを食べるのだが、あの感覚かもしれない。

（2017年10月掲載）

ウィーンで温泉と音楽
モーツァルトやベートーベンも愛した
グレイビーソース

（オーストリア・ウィーン・テルメ・ウィーン）

毎年新春のウィーンフィル・ニューイヤーコンサートのテレビ中継を楽しみにしている私。ようやく憧れのオーストリアにやってきた。これまで世界中の温泉を巡ってきたが、ジャングルに湧く野天風呂など、自然景観に恵まれた温泉地を優先してきたので、音楽の都・ウィーンは初訪問。この旅の目的には温泉もあるが、コンサートの会場であるウィーン楽友協会に行くことが最重要事項だ。

とは言っても、コンサートは夜だから、その前に温泉へ。

オーストリアには各地に温泉が点在している。ハプスブルク家ゆかりの温泉もあれば、ベートーベンが愛した温泉もある。そしてウィーンから日帰りできる入浴施設がある。それは、2011年と2014年に「ヨーロッパ・ヘルス&スパ・アワード」のベスト温泉部門で金賞に輝いた「テルメ・ウィーン」だ。

オペラ座の最寄り駅カールスプラッツ駅から地下鉄で15分。オーバーラー駅に降り立ち、ガラス張りの直結通路で施設に向かうと、突如〝戦艦〟のような形をした大きな建物が目の前に現れる。入ると広いエントランスがあり、受付を済ませる。入浴だけだと3時間で20ユーロ。鍵付きの個室を使用する場合はやはり3時間利用で22ユーロほど。

水着に着替えて温泉へと行くと、温泉プールは大小9つある。広い敷地で、プールもあちらこちらにあり、迷子になりながら、まずは全体を歩いてみた。さすが金賞に輝いた話題の施設。天井のシンメトリーのデザインやちょっとしたタイルの色彩といい洒落ている。それに瞑想ゾーンや勢いよく温泉が流れるプールもあるし、ジャンプ台やウォータースライダーもある。日本はゆっくりと湯に浸かることを良しとするのなら、ここはより楽しく遊べることに重きを置いているようだ。硫黄泉のようだが、さほど匂いはしなかった。

ひと通りのプールを体験し、施設を出ると3時間が経過していた。ちょうどお腹が鳴った。

ウィーン中心部に戻り、ウィーン最古の酒場と名高い店「グリーヒェンバイスル」に向かう。古代ローマ時代の建物を利用し営業している。店内はいくつもの小さな部屋に分かれていて、モーツァルトやベートーベンのサインがある部屋が有名だ。その部屋は壁一面に著名人のサインがあるが、両者とも中央にあって目立っていた。ちなみにモーツァルトはミミズの這ったような文字で、ベートーベンは達筆というか、堂々たる文字だった。

2人とも注文したのがウィーン風ビーフステーキ（20・3ユーロ）。私も真似すると、スニーカーサイズの巨大なステーキの上に、これでもかというほどしっかり炒められた黄金色に近い玉ねぎがのって出てきた。肉は薄くてカットしやすい。バクバクと夢中になって口の中に放り込んだ。手が止まらない。理由は、このソースだ。これまで口にしたことがない風味だ。欲を言えば、白米が欲しい……。

お店の人に「ソースには何が入っていますか？」と聞くと、「グレイビー」と答えた。肉汁！　旨いわけだ。白いご飯に肉と肉汁が入ったソースをかけて、食べたい。できるなら、モーツァルトとベートーベンにもグレイビーステーキ丼を食べさせてあげたかった。

この他、コンソメスープをいただく。細かくカットした野菜が入っていて、嚙むとコンソメが香った。味が野菜にも染み込んでいて、おいしい。このスープは気に入って、オーストリアを旅している間、よく飲んだ。

一度、ホテルに戻り、身支度を整えてから楽友協会へ行く。神々しいほどにライトアップされている。そしてずっとテレビ中継で観ていた黄金の大ホールへ。一歩入った時には目が眩《くら》みそうだった。あまりに黄金の光が強いから。ただ、想像していたよりも、ホールは大きくなかった。

夏の間はウィーンフィルはオペラ座で演奏しており、楽友協会では観光客向けにモーツァルトのコンサートが開催されている。オペラ『フィガロの結婚』『魔笛』や『アイネ・クライネ・ナハトムジーク』といった聴き覚えのある曲が流れた。身体を揺らしながら聴き入った。

クラシック音楽はたいして知らない。けれど音響が素晴らしいことと、音がキラキラしていることは素人の私でもわかった。

来年の新春コンサートが待ち遠しい。

（2018年12月掲載）

エリザベートゆかりの温泉
「ウィンナーシュニッツェル」

（オーストリア・バート・イシュル）

2018年の秋、ウィーンからザルツブルクを経由して、バート・イシュルに入った。ここはハプスブルク家の別荘があった温泉保養地である。

オーストリアの空気に身体が馴染んできた5日目、朝食ビュッフェでお腹を膨らませ、いざ温泉へ。

ホテルにチェックインした時にナイロン製の大きなバッグが渡された。大判のバスタオル2枚、バスローブ1着、スリッパが入っている。客室で水着に着替えて、バスローブを羽織り、内廊下を通じて温泉に行けるのだ。

行ってみるとだだっ広いプールが見下ろせた。ガイドブックの写真通り、長方形の普通のプールだったが、想像していたより、ずっと洗練されている。日本のホテルや温泉施設が公開している写真は、行きたいと思わせることが目的だから、実物よりはるかに素敵に見える。これぞ、写真マジック。私も雑誌やウェブで使用する写真を撮る立場でもあるから、そういった写真は差し引いてみる癖があるが、その私が騙《だま》された。逆の意味で。

真っ先に目に入ったのが灯りだ。ザルツブルクやバート・イシュルはかつて塩の採掘で栄えた。今でも塩が採れることを演出しているのだと思うが、建物を支える柱はオレンジ色で、塩のブロックを模したデザインが施されている。ブロックの中から光が放たれ、やわらかい色が滲み出ていた。その光が温泉を照らすと、温泉までもがほのかな橙色となる。煌々とした強い光の蛍光灯とは全く異なり、灯りが優しい。行灯に似ていた。

寛ぐスペースの充実にも目を見張った。例えば温泉プールがある1階と2階に設置されたデッキチェア。日本の湯上り処は人で混み合い、いすが空くのを待つことが多いが、ここは日本と比べものにならないほどの数のいすが用意されているので待ち時間ゼロ。お客さんは広々とした空間で、のんびりと本を読んだり、スマホをいじったり、またはタオルをかけて寝そべっていたり。騒ぐでもなく、おしなべて皆ゆったりとしており、その様は優雅そのものだ。

プールに入ると、身長164センチ強の私がつま先立ちするほど深いところもある。寝湯ゾーンがあったので、寝ころぶと、タイル貼りのラインは身体にフィットする感じで快適だった。身を任せると、無理のない状態で湯に浸かり、頭に浮輪のような枕がある。ラグジュアリーとは、このことだ。

とてもガイドブックの1枚の写真では伝えきれない品格がある。かつて栄華を極めたハプスブルク家の残り香だろうか。

この晩、「K&K」と書かれたレストランに入った。このマークは皇室に献上した店の称号で、それだけ聞くと格式を感じさせるが、地元の人たちで賑わう居酒屋風で、多種多様なビールがあった。

オーストリア名物の「ウィンナーシュニッツェル」を頼むと、大きなカツレツがやってきた。レモンが添えてあり、ひと搾りしてから頬張る。もともとラデツキー将軍がミラノに遠征した時に持ち帰ったというもので、確かに味はミラノ風カツレツ。ちなみにこの時に誕生したのが、かの有名な『ラデツキー行進曲』だ。オーストリア滞在中は何度となく「ウィンナーシュニッツェル」を食べたが、サクサクとした衣の食感が食欲をそそり、分厚すぎないカツは、胃もたれせず、飽きずにいただけた。

ドイツに近いこともあり、ソーセージも凝っている。この店のソーセージは太く、フォークで切り込みを入れたら、熱い肉汁が頬まで飛んできた。

オーストリアのもうひとつの名物はスイーツだ。そもそもウィーンではカフェ巡りだけで観光客が楽しめるほど、スイーツが充実している。席に着くと、たくさんのケーキがワゴンで運ばれてきて、好みのスイーツを選べるというシステムが一般的だ。なかでもザッハーさんが作ったザッハートルテが最も有名だろう。

バート・イシュルには、ヨーゼフ皇帝とエリザベートがよく食べたという、チョコレートでコーティングされたケーキがある。「K&K」の看板を掲げるカフェのエリザベートの肖像画の下で、彼女が愛したそのケーキを食べた。舌にまとわりつく濃厚さがあるけれど、甘すぎず、どことなくフォルムが美しいケーキを、背筋を正していただいた。

（2019年2月掲載）

＊本書は『味の手帖』（株式会社味の手帖）にて連載中の「おいしい♨（温泉）ひとり旅」の２０１７年8月～２０２２年12月に掲載された原稿の一部を改稿し、収録したものです。

•協力　株式会社味の手帖
•本文イラスト　宗誠二郎
•本文デザイン　目黒一枝（トンプウ）

温泉《おんせん》ごはん　旅《たび》はおいしい！

二〇二三年　四　月二〇日　初版発行
二〇二四年一二月三〇日　2刷発行

著　者　山崎《やまざき》まゆみ

発行者　小野寺優
発行所　株式会社河出書房新社
〒一六二―八五四四
東京都新宿区東五軒町二―一三
電話〇三―三四〇四―八六一一（編集）
〇三―三四〇四―一二〇一（営業）
https://www.kawade.co.jp/

ロゴ・表紙デザイン　粟津潔
本文フォーマット　佐々木暁
本文組版　KAWADE DTP WORKS
印刷・製本　中央精版印刷株式会社

Printed in Japan　ISBN978-4-309-41954-1

巴里の空の下オムレツのにおいは流れる

石井好子　41093-7

下宿先のマダムが作ったバタたっぷりのオムレツ、レビュの仕事仲間と夜食に食べた熱々のグラティネ——一九五〇年代のパリ暮らしと思い出深い料理の数々を軽やかに歌うように綴った、料理エッセイの元祖。

おばんざい　春と夏

秋山十三子　大村しげ　平山千鶴　41752-3

1960年代に新聞紙上で連載され、「おばんざい」という言葉を世に知らしめた食エッセイの名著がはじめての文庫化！　京都の食文化を語る上で、必読の書の春夏編。

おばんざい　秋と冬

秋山十三子　大村しげ　平山千鶴　41753-0

1960年代に新聞紙上で連載され、「おばんざい」という言葉を世に知らしめた食エッセイの名著がはじめての文庫化！　京都の食文化を語る上で、必読の書の秋冬編。解説＝いしいしんじ

わたしのごちそう365

寿木けい　41779-0

Twitter人気アカウント「きょうの140字ごはん」初の著書が待望の文庫化。新レシピとエッセイも加わり、生まれ変わります。シンプルで簡単なのに何度も作りたくなるレシピが詰まっています。

おなかがすく話

小林カツ代　41350-1

著者が若き日に綴った、レシピ研究、買物癖、外食とのつきあい方、移り変わる食材との対話——。食への好奇心がみずみずしくきらめく、抱腹絶倒のエッセイ四十九篇に、後日談とレシピをあらたに収録。

季節のうた

佐藤雅子　41291-7

「アカシアの花のおもてなし」「ぶどうのトルテ」「わが家の年こし」……家族への愛情に溢れた料理と心づくしの家事万端で、昭和の女性たちの憧れだった著者が四季折々を描いた食のエッセイ。